EDITION Leidfaden

Hrsg. von Monika Müller, Petra Rechenberg-Winter,
Katharina Kautzsch, Michael Clausing

Die Buchreihe *Edition Leidfaden – Begleiten bei Krisen, Leid,
Trauer* ist Teil des Programmschwerpunkts »Trauerbegleitung«
bei Vandenhoeck & Ruprecht, in dessen Zentrum seit 2012 die
Zeitschrift »Leidfaden – Fachmagazin für Krisen, Leid, Trauer«
steht. Die Edition bietet Grundlagen zu wichtigen Einzelthemen
und Fragestellungen im (semi-)professionellen Umgang mit
Trauernden.

Miriam Haagen / Heike Knerich

Trauernden Jugendlichen zuhören

Anregungen aus der Gesprächsanalyse

Unter Mitarbeit von Justine Kohl

Vandenhoeck & Ruprecht

Bibliografische Information der Deutschen Nationalbibliothek:
Die Deutsche Nationalbibliothek verzeichnet diese Publikation in der
Deutschen Nationalbibliografie; detaillierte bibliografische Daten sind
im Internet über https://dnb.de abrufbar.

© 2022 Vandenhoeck & Ruprecht, Theaterstraße 13, D-37073 Göttingen,
ein Imprint der Brill-Gruppe
(Koninklijke Brill NV, Leiden, Niederlande; Brill USA Inc., Boston MA, USA;
Brill Asia Pte Ltd, Singapore; Brill Deutschland GmbH, Paderborn, Deutschland;
Brill Österreich GmbH, Wien, Österreich)
Koninklijke Brill NV umfasst die Imprints Brill, Brill Nijhoff, Brill Hotei,
Brill Schöningh, Brill Fink, Brill mentis, Vandenhoeck & Ruprecht, Böhlau,
V&R unipress.

Umschlagabbildung: Gloria Garrels

Satz: SchwabScantechnik, Göttingen
Druck und Bindung: ⊕ Hubert & Co. BuchPartner, Göttingen
Printed in the EU

Vandenhoeck & Ruprecht Verlage | www.vandenhoeck-ruprecht-verlage.com

ISSN 2198-2856
ISBN 978-3-525-46287-4

Inhalt

Vorwort

Trauernden Jugendlichen zuhören ist in doppelter Hinsicht ein
besonderes Buch: Zum einen kommen hier die Jugendlichen
selbst zu Wort und erzählen spontan im Gespräch von ihrem
Verlust, zum anderen werden ihre Erzählungen so dokumentiert und aufgearbeitet, dass eine ganz genaue und sehr diffe-
renzierte Beschäftigung auch mit sonst oft unbeachteten Einzelheiten möglich wird – darin liegen die *Anregungen aus der
Gesprächsanalyse.* Die Autorinnen verbinden in sehr gelungener
und überzeugender Weise zwei verschiedene disziplinäre Perspektiven: eine psychotherapeutische und eine gesprächsanalytische.

Andere Untersuchungen zu klinischen Themen der Psychotherapie stützen sich oft auf Fallberichte und Vignetten, die von
den behandelnden Psychotherapeutinnen und Psychotherapeuten in Gedächtnisprotokollen festgehalten und im Nachhinein zu
theoretisch gesättigten Erzählungen kondensiert werden. Der auf
der Hand liegende Nachteil dieser Art der Wissensgenerierung
besteht darin, dass die »Datenbasis« nur in der Erinnerung der
beiden am therapeutischen Dialog beteiligten Interaktionspartner gegeben ist. Diese Art der »Datenbasis« kann von Außenstehenden schlechterdings nicht mehr nachvollzogen werden und
sie ist auch anfällig für alle der von Schacter (1999) genannten
sieben Todsünden des Gedächtnisses, zu denen nicht nur die
Verdrängung, sondern auch das normale Vergessen gehört.

Eines der wegweisenden Merkmale dieses Bandes ist deswegen, dass hier eine andere, wissenschaftlichere Vorgehensweise

gewählt wurde. Sie besteht darin, narrativ orientierte Interviews, die nach definierten Regeln erhoben wurden, zu transkribieren und diese Transkripte mit Hilfe einer spezifischen Methode, der linguistischen Gesprächsforschung, zu analysieren. Durch die Untersuchung der Erzählungen der von Verlusterfahrungen betroffenen Jugendlichen öffnet sich so ein Fenster, das dem Leser, der Leserin detaillierte Einblicke in die Verarbeitungsprozesse der Verlusterfahrung der betroffenen Jugendlichen vermittelt.

Mit dem Thema der Trauer bei Jugendlichen, die einen Verlust erlebt haben, betreten die Autorinnen zugleich ein wichtiges und lange vernachlässigtes klinisches Feld. Während Trauer und Verlust in ihren vielseitigen psychischen und psychosomatischen Aspekten im Erwachsenenalter extensiv untersucht worden sind, ist das Thema bezogen auf die hier im Zentrum stehende Altersgruppe der Jugendlichen zwischen 14 und 18 Jahren noch relativ wenig erforscht. Die Autorinnen weisen zu Recht darauf hin, dass gerade in dieser Altersspanne durch die besonderen Entwicklungsaufgaben der Adoleszenz, die in der sukzessiven Lösung von den Eltern, der Ausbildung einer sozialen Identität und der Integration der Geschlechtlichkeit bestehen, die Vulnerabilität ohnehin hoch ist. Zusätzlich ist die Bereitschaft und wohl auch die Fähigkeit, die mit der Verlusterfahrung verbundenen schmerzlichen Emotionen auszudrücken und mit anderen zu teilen, in der Regel geringer ausgeprägt als im Erwachsenenalter.

Umso bemerkenswerter ist es, dass es den Autorinnen gelungen ist, eine Gruppe von Jugendlichen zu Interviews einzuladen und sie durch eine Haltung der Offenheit und der Resonanz anzuregen, von ihren Verlusterfahrungen zu erzählen.

Die aus diesen Gesprächen erstellten Transkripte werden detaillierten Einzelfallanalysen unterzogen, deren Ergebnisse anhand von Beispielen unter verschiedenen thematischen Aspekten zusammengefasst werden. So erfährt man beispielsweise, wie die Beteiligten den Gesprächseinstieg gestalten, wie Zuhören deutlich gemacht wird, wie sie sich als handelnde oder eher passiv erleidende Personen darstellen oder welche Formen des Berichtens oder Erzählens sie wählen. Im Unterschied zu Fragebögen oder standardisierten Interviews, in denen durch vorbereitete Fragen Relevanzen festgelegt werden, können beim spontanen Erzählen die Erzählenden – in diesem Fall also die Jugendlichen – deutlich machen, was für sie relevant ist. Das ist oft an Einzelheiten im Transkript zu erkennen, die leicht übersehen oder überhört werden, aber von großer Bedeutung sein können. Dazu gehören Verzögerungen, Pausen, Versprecher, Selbstkorrekturen oder Abbrüche und Neuansätze ebenso wie Wortwahl, Metaphern, Stilmittel der Redewiedergabe oder das Detaillieren bzw. Kondensieren an bestimmten Stellen. Auch die Sprechweise, Betonungen, Veränderungen in der Lautstärke oder im Sprechtempo sind im Transkript vermerkt und werden in die Analyse einbezogen, ebenso das Auslassen oder Verschweigen von Einzelheiten. Aufseiten der Gesprächspartnerinnen und -partner geht es darum, sehr genau zuzuhören und zu beobachten.

Die Autorinnen betonen also zu Recht, dass der Fokus ihrer Untersuchungen nicht so sehr auf dem Inhalt oder dem *Was* der Erzählungen liegt, sondern mindestens ebenso sehr auf dem *Wie*, das heißt den Formen der sprachlichen Gestaltung. Die Auffassung, dass das Gespräch immer ein Prozess ist, an dem beide Gesprächsteilnehmende beteiligt sind, lenkt die Aufmerksamkeit auf die Aktivitäten der Interviewerinnen und die Art und Weise, wie sie durch ihre Einlassungen und Äußerungen zur Ko-Konstruktion der Erzählungen beitragen.

Über Einzelfälle hinaus haben die Analysen einen exemplarischen Charakter: Sie zeigen, was das Erzählen in solchen krisenhaften Situationen leisten kann. Die Chance, dass das Erzählen zu einer Bewältigung und Verarbeitung der Verlusterfahrung führt, kann durch die Art des aktiven Zuhörens verbessert werden. Darin liegt unter anderem die praktische Bedeutung dieser Forschung. Die Analyse der Transkripte lässt sehr genau erkennen, durch welche Form der Gesprächsführung die Jugendlichen sich am ehesten anregen lassen, über ihre schmerzlichen Erfahrungen zu sprechen.

So schließt das Buch gleich mehrfache Wissenslücken: Es zeigt zum einen – und dies ist vielleicht der grundlegendste Beitrag –, wie interdisziplinäre Forschung an der Schnittstelle zwischen Psychotherapie und Gesprächsforschung funktionieren kann und welcher Erkenntnisgewinn dadurch auch für die Praxis generiert wird. Zum anderen, und das ist vor allem der Nutzen für die klinisch-psychotherapeutische Arbeit, lernen wir etwas über die individuellen Unterschiede in der Verarbeitung des Verlustes bei den Jugendlichen, die sich in den Interviews zeigen. Und schließlich lassen sich daraus wichtige Hinweise ableiten, die Gespräche so zu führen, dass die narrative Bewältigung gefördert wird.

Aus diesen Gründen ist das Buch für einen breiten Adressatenkreis von Interesse. Dazu gehören alle diejenigen, die sich in Beratungsstellen, Praxen und Institutionen mit der Unterstützung und Therapie von Jugendlichen befassen. Aber das Buch ist auch für Linguistinnen und Gesprächsforscher lesenswert, denn es zeigt, wie ertragreich und fruchtbar eine an Einzelfällen orientierte qualitative Forschung auf der Grundlage sorgfältiger Gesprächsanalysen für einen spezifischen Kontext sein kann. Es ist ein ermutigendes Beispiel interdisziplinärer Kooperation.

Elisabeth Gülich und Carl E. Scheidt

Einführung

Seit über zwanzig Jahren begleite ich, Miriam Haagen, als ärztliche Psychotherapeutin für Kinder, Jugendliche und Erwachsene Menschen, die den Verlust eines nahen Angehörigen in Kindheit oder Jugend erlebt haben. Das sind zum einen Jugendliche, die einen Elternteil oder ein Geschwister verloren haben, und zum anderen Eltern, die einen Elternverlust in ihrer Kindheit oder Jugend erlebten, wie auch Eltern, die den Verlust eines Kindes zu verkraften haben und sich dadurch in ihren Möglichkeiten, auf die Gefühle ihrer Kinder einzugehen, beeinträchtigt fühlen. Ungelöste Themen der Trauer führten zu den verschiedensten Symptombildungen, die sie dann auf die Suche nach einer Psychotherapie gebracht haben. Häufig bestand ein erheblicher Druck seitens der Patientinnen und Patienten[1], diese Symptome aufzulösen. Dieser Druck prägte die psychotherapeutischen Erstgespräche.

Die Jugendzeit (Adoleszenz) und Trauerprozesse haben unter psychodynamischen Gesichtspunkten einiges gemeinsam, sodass ein Verlust durch Tod in der Jugend einen »double dose«-Effekt (Keenan, 2014, S. 21) haben kann. Die Unfähigkeit, in einen gesundenden Trauerprozess einzutreten, kann daher im Jugendalter besonders ausgeprägt sein und die Betroffenen für ihr ganzes Leben verletzlicher machen.

---

1 Im Sinne einer gendersensiblen Sprache verwenden wir in diesem Buch die männliche und weibliche Form in zufälligem Wechsel oder nennen beide Formen.

Mich interessierte, wie Jugendliche, die häufig nicht selbst motiviert in meine Praxis kamen, in einem anderen Rahmen über ihren Verlust sprechen würden und ob sie Hinweise geben könnten, was sie eigentlich bräuchten. Die existierenden Beratungs- und Begleitungsangebote für Jugendliche sind in der Regel nicht an internationalen Forschungsergebnissen zu Verlustreaktionen und inneren Trauerprozessen von Jugendlichen orientiert (Keenan, 2014).

Jugendliche sind nicht immer leicht mit Hilfsangeboten zu erreichen. Manche gut überlegten Angebote für Jugendliche mit Verlusterlebnissen werden nicht oder kaum angenommen. Woran mag das liegen? Was brauchen sie, bevor sich krankheitswertige Symptome entwickeln? Aus dieser Fragestellung entstand die Idee zu der hier beschriebenen Interviewstudie.

Der Begriff »Trauer« wird unterschiedlich verwendet, und erst im weiteren Kontext wird deutlich, was genau er bezeichnen soll. Es wird damit der emotionale Ausdruck, der auf einen Verlust folgt, ebenso beschrieben wie die gesellschaftliche Rolle, hinterblieben, eben trauernd, zu sein.

Die englische Sprache kennt für Trauer verschiedene Begriffe: »bereavement«, »grief«, »mourning«. So ist es möglich, den sozialen Status des Hinterbliebenen zu beschreiben (bereaved), ohne eine Aussage über dessen Gefühle zu machen. Unter »grief« werden die emotionalen und kognitiven Reaktionen auf einen Verlust verstanden, wohingegen »mourning« eher den inneren Prozess des Trauerns beschreibt (siehe auch Krause, 1994). In unseren Ausführungen vermeiden wir den Begriff »trauernde Jugendliche«, weil die Anzeige des Verlustes nicht zwingend bedeutet, dass im psychologischen Sinn getrauert wird. Außerdem könnte es sein, dass Jugendliche selbst nicht als Trauernde angesprochen werden möchten. Den englischen Ausdruck »parentally bereaved adolescents« übernehmen wir daher hier und sprechen von »halbverwaisten Jugendlichen«.

Immer noch existieren wenige Untersuchungen von Jugendlichen, weil es schwer scheint, Jugendliche zu finden, die kürzlich einen Trauerfall erlitten haben (Brewer u. Sparkes, 2011). Es gibt inzwischen etliche Arbeiten zu der Bedeutung von Verlust für Jugendliche, aber Jugendliche sind selten selbst befragt worden. Insbesondere, *wie* Jugendliche es selbst erleben bzw. es selbst beschreiben (Field, 2006), kann mit qualitativen und interaktiven Forschungsmethoden untersucht werden. Dabei werden die Erfahrungen von Verlust und Trauer als Teil des Lebens der Betroffenen untersucht und weniger als behandlungsbedürftige Störung (Valentine, 2008).

Vor sieben Jahren lernte ich, Heike Knerich, Miriam Haagen auf einer Tagung der Thure von Uexküll-Akademie für Integrierte Medizin kennen. Sie leitete einen Workshop, in dem es um Gespräche über die Themen »lebensgefährliche Erkrankung, Sterben und Trauer mit Familien« ging. Seit vielen Jahren forsche ich gesprächsanalytisch an Arzt-Patient-Gesprächen auch mit Jugendlichen. Uns beiden schwebte eine Kooperation vor und wir planten ein Projekt über halbverwaiste Jugendliche und ihre Wahrnehmungen und Wünsche. Aus persönlichen Gründen ist es bei dem Pilotprojekt mit fünf Erzählinterviews geblieben. Wir haben uns sehr gefreut, dass Justine Kohl – damalige studentische Hilfskraft des Projekts – in diesem Rahmen ihre Masterarbeit geschrieben hat. Sie hat damit erheblich zur Auswertung der Gesprächsinterviews beigetragen, und wir freuen uns sehr, dass sie auch bei diesem Buch mitgedacht und mitgeschrieben hat.

Das Buch gliedert sich in drei Teile. Im ersten Kapitel geben wir einen Einblick in unsere zugrunde liegenden theoretischen Hintergründe. Zunächst führen wir in die Entwicklungspsychologie des Jugendalters ein, danach folgt ein Kapitel zur Psychologie von Trauerprozessen. Nach einem Kapitel über Erzählen und Bewältigen aus psychotherapeutischer und gesprächsanalytischer Perspektive und Gedanken zum interdisziplinären gemeinsamen Forschen folgt eine Einführung in die linguistische Gesprächsanalyse. Sie wird hier nach unserer Kenntnis erstmals ausführlich für eine nichtlinguistische Leserschaft vorgestellt. In unseren interdisziplinären Gesprächen entstand der Begriff des »geisteswissenschaftlichen Mikroskops« für die Gesprächsanalyse, in Anlehnung an das in den Naturwissenschaften verwendete Mikroskop, durch das man etwas, was mit dem bloßen Auge nicht sichtbar ist, durch das Objektiv ausgeschnitten und vergrößert betrachten kann. So zeigt die Gesprächsanalyse mithilfe von detaillierten Transkripten und Audio- oder Videoaufnahmen, dass jede Äußerung bedeutungsvoll ist. Jede Äußerung eines Gesprächspartners ergibt sich aus der Interaktion zwischen beiden Partnern und wirkt auf diese zurück. Zudem ermöglicht das »geisteswissenschaftliche Mikroskop« Zugang zu bewussten und unbewussten Vorstellungen der Sprechenden und deren Nachweis am Datenmaterial. So können aus der genauen Betrachtung von Einzelfällen Hypothesen generiert werden.

Im zweiten Kapitel werden Ergebnisse der interdisziplinären Analyse der Gesprächsinterviews vorgestellt. Hier werden immer wieder Abschnitte aus den Transkripten original abgedruckt und beschrieben. Wir haben uns entschieden, die Interviews nicht der Reihe nach als »Fallbeispiele« zu präsentieren, sondern verschiedene Aspekte der Gespräche darzustellen. So gibt es eine Betrachtung zu den Gesprächseinstiegen, zum Zuhören, zum Erzählen und anderem. Wir sind in helfenden Gesprächen häufig so sehr mit dem Inhalt des vom Gegenüber Erzählten beschäftigt und versuchen, uns diesen zu merken. Dabei können wir oft nicht bemerken, *wie* wir das Gespräch selbst mitgestalten. Mithilfe des interdisziplinären Dialogs über die aufgezeichneten Gespräche ist eine vertiefte Reflexion der Interaktion möglich jenseits der Auseinandersetzung mit dem Inhalt des Gesagten. Indem gemeinsam auf das Transkript geschaut wird, wird das

Vertraute zunächst fremd. Das liegt an der besonderen Art, wie der Wortlaut aufgeschrieben wird. Auch ist es ungewohnt, die eigene Rede zu lesen. Mit unseren Darstellungen von Transkripten im zweiten Kapitel wollen wir auch Neugier für diese Methode der qualitativen Einzelfallforschung wecken.

Im dritten Kapitel beschreiben wir die Bedeutung unserer Erkenntnisse für den praktischen Umgang. Zum Beispiel: Wie werden Gespräche begonnen? Welche innere Haltung ist beim Zuhören hilfreich? Oder: Wie können Erzählungen unterstützt werden? Wir hoffen, damit Anregungen für die Praxis der Begleitung und Beratung trauernder Jugendlicher zu geben.

1 Theoretischer Hintergrund

1.1 Wegen Umbau geschlossen: Herausforderungen des Jugendalters

Die Jugend bildet die neue Generation, die ihre Vorgänger ablösen wird. An sie knüpfen sich viele Wünsche und Erwartungen, aber auch Ängste und Befürchtungen. Die Jugendzeit wird entwicklungspsychologisch auch als zweite Chance gesehen, in der Themen der Kindheit neu verhandelt und weiterentwickelt werden können. Die verinnerlichten Erfahrungen des Kindes mit seiner Familie werden überprüft. Dazu bedarf es eines Möglichkeitsraums, der ein Ausprobieren zulässt. Dieser Möglichkeitsraum wird nicht nur in den Familien und in der Gesellschaft mehr oder weniger bereitgestellt, sondern auch innerlich erworben. In diesem innerlichen Prozess finden verschiedene Bewegungen mit starken Gefühlen statt. Der Umbau des kindlichen Körpers mit seinem Gehirn löst Emotionen aus, die eine veränderte Wahrnehmung und ein entsprechend verändertes Verhalten der Jugendlichen bewirken. Der sich verändernde Körper kann zu Irritationen und einer Diskrepanz zwischen körperlicher und emotionaler bzw. sozialer Entwicklung führen. Für diese Zeit gibt es das Bonmot: »Wegen Umbau geschlossen«.

Zu diesem Umbau gehört der Abschied von der Kindheit. Dieser wird in der psychodynamischen Entwicklungspsychologie als ein erster ernsthafter Trauerprozess angesehen, der die Fähigkeit zur Wandlung und zum Neubeginn ermöglicht. Die Kindheit, in der wir, wenn es gut geht, ungestört idealisieren dürfen, wird abgelöst durch die Jugendzeit, und dieser Abschied verursacht Schmerzen. Er bedeutet eine anhaltende Entzauberung der Welt. Aber damit wird auch der Weg zu eigenständiger Entwicklung frei. Dieser Weg ist voller Herausforderungen und Risiken für beide Seiten: sowohl für die Heranwachsenden als auch für die sie begleitenden Erwachsenen. Denn mit der Ablösung von den Eltern geht auch eine Ablösung der elterlichen Generation einher.

Welche Veränderungen hat der oder die Heranwachsende zu bewältigen? In der Pubertät kann das Gefühlsleben starken Schwankungen ausgesetzt sein und sich zwischen himmelhochjauchzend und zu Tode betrübt bewegen. Grenzen werden vermehrt ausgetestet, bisherige Wert- und Orientierungssysteme grundlegend hinterfragt. Die Suche nach eigener Identität, Lebens- und Zukunftsperspektive, die von teilweise heftigen Konflikten und Auseinandersetzungen mit Eltern, Lehrkräften und anderen Erwachsenen begleitet ist, kann auch die Jugendlichen anstrengen. Sie fühlen sich häufig von den Eltern und anderen Erwachsenen missverstanden. Dies ist eine Form der Abgrenzung, die wichtig ist, um das Eigene (»ich bin ganz anders«) zu behaupten oder zu schützen. Ängste vor Versagen und Krisen in der Schule treten in dieser Zeit häufig auf. Plötzliche und unkontrollierbare Stimmungsschwankungen mit raschem Wechsel der Gefühle von leidenschaftlicher Schwärmerei zu kühler Indifferenz, von Liebe zu Hass sind charakteristisch. Auch stellen die Veränderungen des Körpers mit der Entwicklung der Geschlechtsmerkmale eine große Verunsicherung dar, weil sie sichtbar sind und nicht der Kontrolle der Jugendlichen unterliegen; der Körper entwickelt sich »eigenmächtig«, unbeeinflussbar, was zu einer zum Teil ängstlichen Beobachtung des Körpers führt, die von Schamgefühlen begleitet wird. Vieles wird »so peinlich«. Der oder die Jugendliche wird dadurch empfindlich und verletzlich. Gleichzeitig kann das Erleben des veränder-

ten eigenen Körpers auch mit Stolz und Freude und Lustgefüh-
len verbunden sein. Der starke Anstieg der Geschlechtshormone
überflutet auch das Gehirn und wirkt destabilisierend auf Denken und Verhalten.

Die seelischen Entwicklungen der Ablösung und Reifung
führen dazu, dass die *kindliche* Beziehung zu den Eltern unwie-
derbringlich verloren geht. Dies kann zu intensiven Gefühlen
der Einsamkeit und des Alleinseins führen. Damit einher geht
eine Labilisierung des oder der Jugendlichen, weil es das neu
Entwickelte, was diesen Verlust ausgleichen könnte, noch nicht
stabil gibt. Der israelische Psychoanalytiker Yecheskiel Cohen
(2010) spricht sich bei der Beschreibung der Adoleszenz gegen
die doppelte Verneinung »nicht Kind und nicht Erwachsener«
aus. Stattdessen schlägt er Simultanität vor, dass also verschiedene Prozesse simultan stattfinden: so zum Beispiel die Sehnsucht, die Kindheit hinter sich zu lassen, bei gleichzeitiger Furcht
davor. Darin ähnelt die Pubertät dem Trauerprozess bei Erwachsenen: einer emotionalen Pendelbewegung zwischen der Hinwendung zu dem schmerzhaften Verlust auf der einen Seite
und einer Hinwendung zum Weiterleben ohne den geliebten
Menschen auf der anderen Seite. Diese Pendelbewegungen in
der Pubertät – wie in der Trauer – führen zu Erschütterungen
des seelischen Gleichgewichts, und man kann sich gut vorstellen, wie zu diesem Zeitpunkt eine schon bestehende depressive
Tendenz bei zusätzlich schwierigen äußeren Bedingungen mani-
fest zum Ausbruch kommen kann.

Die Bewältigung der enormen Veränderungsprozesse stür-
zen die Jugendlichen und mit ihnen häufig auch ihre Eltern in
innere und äußere Krisen. Eltern sorgen sich, weil ihre Kinder
sich plötzlich von ihnen zurückziehen, es zu Hause zu ungewohnt heftigen Auseinandersetzungen kommt, die den familiären Frieden, aber auch das psychische Gleichgewicht der Eltern
ins Wanken bringen. Ältere Jugendliche wenden sich mitunter

von sich aus an den Therapeuten oder die Beratungslehrerin, weil sie sich zu Hause überhaupt nicht mehr verstanden fühlen, teilweise verbunden mit dem Wunsch, dass ihre Eltern nichts über diese Kontaktaufnahme erfahren.

Ältere Jugendliche sind beschäftigt mit der Integration der körperlichen Veränderungen, dem Aufbau intimer und sexueller Beziehungen und der Annahme des Selbst bzw. individuellen Seins mit allen Stärken und Schwächen. Die Entwicklung der Identität und eines positiven Selbstwertgefühls sowie äußere und innere Ablösung sind wichtige Entwicklungsschritte auf dem Weg ins Erwachsensein. In diesem Alter (15–18 Jahre) fällt es ihnen in der Regel leichter, Gedanken und Gefühle auszudrücken und darüber zu sprechen. Die Gleichaltrigengruppe – Peergroup – und andere soziale Beziehungen haben große Bedeutung und bieten wichtige Unterstützung. Sie können Zugehörigkeit und Anerkennung anders vermitteln als Erwachsene, deren Aufgabe es manchmal regelrecht sein kann, dass die Jugendlichen ihnen zeigen dürfen, dass sie sie *nicht* brauchen. Der Peergroup kommt die Aufgabe eines Übergangsraums zwischen Familie und Gesellschaft zu, die entwicklungsfördernde oder -hemmende Wirkung haben kann.

Mit der Identitätssuche sind auch Fragen nach dem Tod und der eigenen Sterblichkeit verbunden. Die zentralen Fragen dieser Phase lauten: »Wer bin ich?«, »Wo komme ich her?« und »Wo werde ich hingehen?«. Wenngleich der Tod als endgültig und irreversibel anerkannt wird, entwickeln nicht wenige Jugendliche Vorstellungen, unverletzlich zu sein und dem Tod in letzter Sekunde entkommen zu können. Riskante Verhaltensweisen oder zerstörerische Phantasien können vorkommen. Sie wehren ihre Angst mit Sachlichkeit oder Sarkasmus ab. Die in diesem Alter typischen Suizidphantasien oder Tagträume über die eigene Beerdigung können auch als Ausdruck der Auseinandersetzung mit Tod und Sterblichkeit verstanden werden.

Nicht selten ist bei den beobachteten Verhaltens- und Gefühls-
äußerungen die eindeutige Trennung zwischen Gesundheit und
Krankheit nicht so leicht möglich. Entscheidend sind die Vorer-
fahrungen. Ein Kind, das sich in den vorherigen Entwicklungs-
phasen stabil entwickeln konnte, kann diese stürmische Zeit
auch unter dem Erleben kleinerer und größerer Katastrophen
bewältigen; wenn jedoch aufgrund von schwierigen Beziehungs-
erfahrungen, etwa durch schwer erkrankte oder verstorbene
Familienmitglieder, nur wenig Vertrauen in die eigenen Fähigkeiten und Möglichkeiten aufgebaut werden konnte (z. B. mit
Spannungen und Konflikten umzugehen), dann kann es in der
Adoleszenz zu behandlungsbedürftigen Störungen kommen.

Für die Entwicklung eigener stabiler und realistischer Vorstellungen von sich selbst und anderen, eigener angemessener
Ideale, Ziele und Wertvorstellungen, die Halt und Orientierung geben, pendelt der oder die Jugendliche zwischen dem
vertrauten Kindlichen und dem Neuen der Erwachsenenwelt
eine Zeit lang hin und her und muss ein großes Ausmaß an
Unsicherheit und Orientierungslosigkeit aushalten. Diese Veränderungen im Inneren verlaufen in zugleich rückwärts und
vorwärts gerichteten Bewegungen. Die kindlichen Bedürfnisse
werden immer wieder reaktiviert, um sie zu »überarbeiten« und
neue, altersangemessene entwickeln zu können. Deswegen müssen sich Jugendliche manchmal so abrupt und heftig von den
Erwachsenen abwenden. Die Überschätzung eigener Fähigkeiten, das übertriebene Prahlen mit eigenen Taten oder das Betonen der eigenen Wichtigkeit oder Schönheit sind in dieser Zeit
also weniger eine schlechte Angewohnheit als der Versuch, die
Gefühle tiefer Verunsicherung und Zweifel zu kompensieren.

Wie können Jugendliche in dieser Lebensphase unterstützt
werden? Die Selbstständigkeit entwickelt sich in einem Spannungsfeld zwischen Selbstbestimmung und Bindung. Dem
Drang von Jugendlichen, lieber zu handeln als zu sprechen und

zu reflektieren, muss Rechnung getragen werden, ohne dass man sich vorschnell zu eigenem Handeln verführen lässt. Das heißt, ein großer Teil der reflektierenden inneren Arbeit sollten die die Jugendlichen begleitenden Erwachsenen leisten, was mitunter schwerfällt, denn auch sie werden durch die emotionalen Schwankungen ihres jugendlichen Kindes oder ihres Schülers mit eigenen emotionalen Resonanzen konfrontiert. Sind die Erwachsenen dann selbst durch Krankheit oder Verlust eines Partners oder eines Kindes beeinträchtigt, fällt es umso schwerer. Das kann dazu führen, dass Konflikte mit Jugendlichen eskalieren oder dauerhaft vermieden werden, was bedeutet, dass der Jugendliche seelisch allein gelassen wird. Empirische Studien belegen, dass sich junge Menschen einsamer fühlen als ältere und dass viele jugendliche Verhaltensweisen sich als Reaktion auf das Gefühl von Einsamkeit verstehen lassen (Haubl, 2009).

Für Erwachsene, die Jugendliche begleiten, ist es immer wieder hilfreich, sich zu fragen: Was habe ich selbst als junger Mensch erlebt, welches Verhalten von Erwachsenen wie Eltern, Lehrerinnen oder Trainern hat mir gefallen, hat mir besonders imponiert, wie wollte ich *damals* mein Erwachsenenleben führen? Aber auch: Was hat mir gefehlt, worüber habe ich mich aufgeregt, wonach habe ich mich gesehnt? Hilfreich ist es, für die damaligen eigenen ambivalenten Gefühle offen zu sein, um neugierig zu bleiben für die Zwiespalte der Jugendlichen, die man heute begleitet, und um möglichst wenig eigene Bedürfnisse auf sie zu projizieren.

Zusammenfassend möchten wir festhalten: Der Abschieds- und Umwandlungsprozess der Jugendzeit wird durch einen Trauerprozess moduliert, der, wenn er gelingt, dazu führt, dass junge Erwachsene ein Identitätsgefühl entwickelt haben und in ihnen ein Gefühl inneren Vertrauens gewachsen ist.

1.2 Wie erleben Jugendliche den Verlust einer Bindungsperson?

Das Erleben von Elternverlust durch Tod, plötzlich oder aufgrund von Krankheit, bedeutet für Jugendliche eine sehr schwierige Anpassungsaufgabe, vor der sie während ihrer Krise des Übergangs ins Erwachsenenalter stehen. Wie oben beschrieben bedeutet dieser Übergang selbst bereits einen unwiederbringlichen Verlust, nämlich den der Kindheit. In dieser Zeit sind Menschen durch die enormen Umwälzungsprozesse, die in ihrem inneren wie äußeren Leben vonstatten gehen, besonders verletzlich. Psychische, soziale und körperliche Krankheiten können die Folge von Verlusterlebnissen in dieser Zeit sein. Die tiefe Bedeutung solch eines Verlustes in der Jugend, die einen Menschen lebenslang prägen kann, wird oft nicht ausreichend emotional anerkannt. Dies wird zum Beispiel erkennbar, wenn Lehrerinnen oder Trainer sich über das Verhalten halbverwaister Jugendlicher wundern und erwarten, dass diese nach einigen Monaten wieder »so wie vorher« seien. Emotionale Anerkennung würde bedeuten, selbst die tiefe Erschütterung, die der oder die Jugendliche erlebt, zu spüren und zu reflektieren. Immer wieder erleben Betroffene, dass sich etwa Ärztinnen und Ärzte zwar erinnern, dass es einen Verlust in der Lebensgeschichte gab, dass es aber so wirkt, als würde dem keine wesentliche Bedeutung zugemessen.

Dazu ein Beispiel: In einer psychosomatischen Klinik wurde eine 25-jährige Frau wegen einer Essstörung behandelt, die atypisch verlief, was zunächst unerklärlich schien. In einer Supervision wurde deutlich, dass der plötzliche Tod des Vaters durch einen Motorradunfall, als sie 17 Jahre alt war, bis jetzt nicht thematisiert worden war. Die betroffene Patientin schien diesem Ereignis wenig Bedeutung beizumessen. Erst als sie ausführlicher zu dem

Ereignis und den nachfolgenden Veränderungen in der Familie befragt wurde, wurde deutlich, wie schwer es für sie ihr war, das Gefühl, den Vater schmerzlich zu vermissen, zuzulassen. Ihre Essstörung kann vor diesem Hintergrund auch als Ausdruck verstanden werden, nichts mehr zu brauchen. So wäre sie im wahrsten Sinne des Wortes unabhängig von Lebensmitteln und damit dem verstorbenen Vater nah.

Ein anderes Beispiel für mangelnde emotionale Anerkennung der jugendlichen Auseinandersetzung mit Sterben und Tod zeigt sich in einem psychosomatischen Anamnesegespräch in einer Kinderklinik mit einem 14 Jahre alten Jungen, der seit Längerem unter Bauchschmerzen leidet und gerade die Diagnose einer chronisch entzündlichen Darmerkrankung erhalten hat. Zum Ende des Gesprächs leitet der Arzt den Jungen an, seine Grundstimmung auf einer Skala einzutragen, er malt dafür Männchen und zeichnet eine Linie zwischen den Polen »schlecht drauf, alles ist doof« und »ich bin immer fröhlich«. Der Jugendliche trägt sich nahe an »schlecht drauf« ein, woraufhin der Arzt ihn bittet, für seinen Freund zum Vergleich auch Striche zu machen. Den nächsten Strich macht der Junge noch näher an »schlecht drauf«. Der Arzt erkundigt sich überrascht, was der Freund denn habe. Der Junge antwortet: »Weil seine Mutter vor Kurzem gestorben ist.« Daraufhin fällt der Kinderarzt in eine sehr direkte Befragung: »Hast du die gekannt, die Mutter?«, »Warum ist die gestorben?«, »Und ist der bei dir in der Klasse?«, »Wo wohnt oder wo ist der?«, »Hast du den schon besucht seitdem?«, »Und es war gut, dass du da warst, oder?«. Der Junge antwortet mit Halbsätzen oder Nicken, was der Arzt mit »super« beantwortet. Obwohl er *inhaltlich* anerkennt, dass der Junge durch den Tod der Mutter seines Freundes belastet ist, fehlt eine *emotionale* Anerkennung. Die Tatsache, dass der Junge gerade eine lebensverändernde Diagnose erhalten hat, die er selbst in den Kontext von Sterben und Tod stellt, wird ausgeblendet. Der Kinderarzt versucht, den Jungen aufzuheitern, indem er nach der Zeit vor »dieser schrecklichen Sache mit deinem Kumpel« fragt und sich freut, dass er auf der Skala einen Strich in der Nähe von »fröhlich« macht.

Die Details dieses Gesprächs konnten mithilfe der Audioaufnahme und des Transkripts erkannt werden. Wie das Transkript zeigt, geht der Kinderarzt durchaus auf das Thema »Tod der Mutter des Freundes« ein. Aber er erfragt eher Fakten mit geschlossenen Fragen, als dass er auf die Gefühle des Jungen eingeht und ein eigenes Berührtsein verbalisiert. Außerdem entsteht der Eindruck, dass der Arzt unbedingt auf etwas Positives hinauswill, was sicher in tröstender Absicht geschieht. Dennoch legt das Transkript nahe, dass der Junge mit seinen Gefühlen von existenzieller Angst, die möglicherweise auch durch die kurz zuvor mitgeteilte Diagnose seiner chronischen Krankheit ausgelöst wurden, alleingelassen wird. Er antwortet einsilbig und erzählt nicht wirklich, warum es ihm im Moment schlecht geht.

Was verstehen wir unter Trauer?

In seinem berühmten Aufsatz »Trauer und Melancholie« von 1917 stellt Sigmund Freud die langsame und schmerzhafte innere Arbeit der Trauer dar. Die von ihm so genannte Trauerarbeit beschreibt den Prozess entgegengesetzter innerer Impulse, die einerseits den Verlust akzeptieren und andererseits verleugnen wollen. Diese inneren Prozesse nennt Freud Arbeit und bezeichnet sie als schwer. Sie sei aber buchstäblich notwendig, wenn die betroffene Person keinen Schaden durch den Verlust erleiden soll. Das heißt, Trauern bezeichnet gesunde Prozesse. Können diese nicht ablaufen, spricht Freud von pathologischer Trauer bzw. Melancholie. Die Fähigkeit zu trauern im Sinne dieser inneren Arbeit wird im Laufe der Entwicklung erworben und schützt vor schweren Erkrankungen, die durch Verlust ausgelöst werden können. Trauerarbeit ermöglicht eine Trennung. Trennun-

gen sind schmerzhaft, sie verletzen und lösen eine Sehnsucht
nach dem Verlorenen aus. Gleichzeitig besteht eine Sehnsucht
nach Weiterleben und Neubeginn, derer sich Menschen nach
einem Verlust schämen können. So fragte eine Mutter viele Jahre
nach dem Tod ihrer damals 14-jährigen Tochter: »Darf es mir
gut gehen, wenn es mir gut geht?« Die innere, zum Teil unbewusste Spannung der beiden entgegengesetzten Sehnsüchte ist
schwer zu ertragen.

Freuds Konzept der Trauer, dass die Besetzung des Objekts
(also die innere Beziehung zu dem Verstorbenen) allmählich
aufgegeben werden muss, könnte allerdings so verstanden werden, sich völlig ablösen zu müssen. Freud selbst hatte seit frü-
hester Kindheit vielfältigste Verluste erlebt und wusste, dass das
niemals vollständig gelingen kann. Es wird von Kritikern seines
Konzepts häufig übersehen, dass er von Erinnerungen, die man
aufgeben soll, nicht als kognitivem Prozess ausgeht, sondern
von unbewussten Besetzungen, weshalb diese auch nicht direkt
angesteuert werden können. Die Hinterbliebenen sollen nach
einiger Zeit wieder frei werden, mit Wünschen und Sehnsüch-
ten auf die ihnen wichtigen Menschen zuzugehen (Küchenhoff,
2017; persönliche Mitteilung). Wird wahrgenommen, dass das
nicht gelingen will, werden Betroffene von tiefer Unruhe und
Unzufriedenheit erfasst, was dazu führen kann, dass sie psychotherapeutische Hilfe suchen. Psychodynamische Psychotherapie kann dann dabei unterstützen, sich auf einen gesundenden
Trauerprozess einzulassen. Um emotional die beschriebenen
Trauerprozesse zu ertragen, wird in diesen Fällen ein unabhän-
giges Gegenüber benötigt, damit die innere Trauerarbeit beginnen kann. Die US-amerikanische Kinderpsychoanalytikerin
Erna Furman (1977) beschrieb in ihren ausführlichen Fallstudien über verwaiste Kinder, dass diese eine gewisse Reife entwickelt haben und sich aktuell in emotionaler Sicherheit befinden
müssen, ehe sie in der Lage sind, Trauer emotional zu ertragen.

Aber auch Jugendliche und Erwachsene haben nicht immer die Fähigkeit und die Umgebungsbedingungen, sich emotional auf den Trauerprozess einzulassen.

Der Trauerprozess soll nicht unendlich sein, dann wäre es kein Trauerprozess. »[E]ndlose Trauer ist keine mehr«, schreibt der deutsch-schweizerische Psychiater, Psychoanalytiker und Wissenschaftler Joachim Küchenhoff über die Bedingungen gelingender Trauer (2013, S. 227 ff.). Die Fähigkeit, negative Gefühle durchzustehen, wird benötigt, um sich trennen zu können. Nur wenn ein Mensch ausreichend gute Bindungserfahrungen in seiner Entwicklung machen konnte, kann er es wagen, einen schmerzhaften Verlust emotional anzuerkennen und zu hoffen, ihn durchzustehen. Der eigentliche Trauerprozess ist ein Prozess der Zeit und ist nicht gleichzusetzen mit den Erinnerungsprozessen, die Hinterbliebene erleben. Diese werden immer wieder neu hergestellt, und die Beziehung zu der verlorenen Bindungsperson bleibt lebenslang für die Betroffenen bestehen.

Verschiedene Wissenschaftler, die sich mit Trauerprozessen beschäftigt haben, haben Trauermodelle entwickelt, die sich an das oben beschriebene anlehnen (z. B. Worden, 1991; Stroebe u. Schut, 1999, 2010; Neimeyer, 2001; Übersicht bei: Müller u. Willmann, 2016). Immer wieder wird allerdings missverstanden, dass es bei den Beschreibungen von Freud nicht um bewusste, aktiv selbst herstellbare kognitive Verarbeitungsschritte geht.

Da viele der inneren Prozesse unbewusst ablaufen, lassen sie sich am Verhalten eines Menschen nicht direkt ablesen. Die Betroffenen können aus diesem Grund auch nicht direkt darüber Auskunft geben. Georg Engel (1977), der amerikanische Internist und Psychoanalytiker, beschrieb sein Konzept des bio-psycho-sozialen Krankheitsmodells auch aus der Erfahrung mit Krankenhauspatienten, deren nicht verarbeiteten Reaktionen auf Verluste übersehen wurden, und verglich den Verlust eines wichtigen Menschen mit einer Verwundung und die Trauer mit der Wundheilung. Wie bei körperlichen Wunden kann es bei der Heilung zu Wundheilungsstörungen kommen bzw. können manche Wunden nicht vollständigen heilen. Die Fähigkeit zu trauern, das heißt, sich diesen langwierigen schmerzhaften inneren Prozessen zu stellen, sie erleben und durchleben zu können, wird im Laufe der Entwicklung erworben. Jüngere Kinder sind dazu kaum in der Lage, Jugendliche können das, benötigen aber bei schweren »Verwundungen« Unterstützung.

In der psychodynamischen Entwicklungstheorie wird davon ausgegangen, dass ein zentrales Thema der Adoleszenz die Entwicklung aus der Abhängigkeit von den primären Fürsorgepersonen, in der Regel den Eltern, zu eigener Unabhängigkeit ist. Gleichaltrige spielen bei diesem Übergang eine entscheidende Rolle. Mit diesem Übergang in die Unabhängigkeit ist ein Gefühl von Verlust verbunden. Das kindliche Selbst muss ebenso aufgegeben und neu bearbeitet werden wie die Idealisierung der Eltern und anderer wichtiger Erwachsener. Dieser innere Prozess bringt schmerzhafte Gefühle von Verlust mit sich, die denen des Trauerns ähneln (siehe Kapitel 1.1). Auch die dazugehörigen Gefühle, Gedanken und Phantasien sind zum Teil unbewusst. Es wird davon ausgegangen, dass ältere Jugendliche, die diesen Prozess schon weitgehend durchlaufen haben, nach dem Verlust eines wichtigen anderen Menschen wie gesunde Erwachsene trauern können.

Trauerreaktionen von Jugendlichen

Jugendliche selbst zeigen in Verlustsituationen ähnliche Reaktionen wie Erwachsene. Ihr Denken ist pragmatischer, realistischer und flexibler als in der Kindheit, die intellektuelle Auseinandersetzung mit Leben und Tod abstrakter möglich, sodass sie in der Lage sind, die Auswirkungen des Todes eines nahestehenden Menschen nicht nur für die Gegenwart, sondern auch in ihrer Bedeutung für die Zukunft kognitiv zu verstehen (Haagen u.

Möller, 2013). So betont einer unserer interviewten Jugendlichen, den wir Mirko nennen, dass er ja gewusst habe, dass der Vater irgendwann sterben würde, aber dass die Plötzlichkeit des Todes ihn überwältigt habe. Er betont das Nichtverstehen der Plötzlichkeit in sachlich-nüchterner Sprache. Damit erreicht er, dass die Interviewerin zunächst selbst nicht erschüttert wird. Hier wird das Ereignis kognitiv wahrgenommen, aber nicht gefühlt.

Die verinnerlichten Gefühle Jugendlicher zu ihren Bezugspersonen und die in die Zukunft reichenden Konsequenzen des Verlustes lösen stärkere Gefühle des Schmerzes aus als bei jüngeren Kindern, die den Blick in die Zukunft noch nicht so entwickeln konnten. Viele verwaiste Jugendliche beschreiben, was sie mit dem verstorbenen Elternteil noch alles vorgehabt hätten und wie sie ihn in ihrer Zukunft vermissen werden. Die eigenen Vorstellungen über Leben und Tod können reflektiert werden und nach dem Erleben des Todes eines Elternteils den Wunsch auslösen, das eigene Leben zu ändern. Das Bewusstsein der zeitlichen Begrenztheit des Lebens kann einen schmerzenden Druck erzeugen, sich zu verändern. Der vorzeitige Tod eines Elternteils in der Adoleszenz kann somit den vorhandenen Entwicklungsdruck verschärfen: So äußert Mirko, dass er *jetzt* mit Malunterricht anfangen möchte, dass er nicht mehr warten möchte. Das eine Jahr nach dem Tod seines Vaters sei so schnell vorbeigegangen, das könne gar nicht sein.

Jugendlichen ist bewusst, dass auch ihre Lebenszeit begrenzt ist, und sie beschäftigen sich damit, welche Entwicklungsschritte sie erreichen wollen. Sie müssen die Erkenntnis ertragen, dass der Tod zum Leben gehört, dass er unausweichlich ist. Der Tod stellt nun eine klare Grenze dar, die immer wieder gesucht und gefunden werden kann (Grieser, 2018). Manche Jugendliche wehren die Angst vor dem Tod mithilfe von riskanten Aktivitäten ab. Gleichzeitig erkennen die Heranwachsenden, dass der Tod nicht nur gefürchtet werden muss, sondern dass er auch selbst herbeigeführt werden kann. Das Bewusstsein, dass man selbst entscheiden kann, ob man leben oder sterben will, kann plötzlich und erschütternd auftreten. Insbesondere wenn den Heranwachsenden bewusst wird, dass etwa auch ihre Eltern über ihr Leben bestimmen können.

Verstärkte Sorgen über die Verletzlichkeit und Belastung des überlebenden Elternteils lösen den Wunsch nach Fürsorge für ihn aus. So beschreibt ein anderer Jugendlicher aus unserer Studie, Timon, dass er lange nicht einschlafen konnte, wenn seine Mutter noch nicht zu Hause war. Er habe dann immer gewartet, ihr mehrmals geschrieben, weil er »diese Angst hatte, da passiert was«. Das Vertrauen in die Welt, dass es gut ausgehen werde, war durch den plötzlichen Verlust tief erschüttert. Dass er nicht einschlafen konnte, erlebte Timon als Versagen und betonte: »Jetzt schaff ich das seit drei Monaten!«

Jugendliche stellen häufig eigene Bedürfnisse zurück und übernehmen Verantwortung für andere, womit sie sich auch überfordern können. Hält so ein Zustand länger an, kann die eigene Entwicklung dadurch gestört werden. Manchen Jugendlichen fällt es leichter, sich in ihrem sozialen Umfeld gezielt Unterstützung zu suchen und sich mitzuteilen. Andere ziehen sich zurück, was zur Folge haben kann, dass ihre Trauer unterschätzt wird. Es ist auch möglich, dass schwierige Gefühle wie Schmerz, Angst oder Wut unbewusst abgewehrt werden müssen, weil sie für die Betroffenen nicht aushaltbar sind. Diese Abwehr ist ein unbewusster Vorgang, der dem Schutz des Betroffenen dient. Das kann dann zu Verhaltensweisen führen, die von Außenstehenden nicht mehr als im Zusammenhang mit Trauerreaktionen erkannt werden, wie zum Beispiel bei der jungen Frau mit der atypischen Essstörung.

Viele Jugendliche zeigen ihre Trauer weniger offen, was mit dazu beiträgt, dass ihre Belastungen unterschätzt werden, sogar von ihnen selbst. Veraltete Konzepte über den Ablauf von Trauer, wie sie in Psychologie und Trauerbegleitung formuliert wurden, sind in das Allgemeinwissen übergegangen und werden auch von Jugendlichen benutzt. Ein 15-jähriger Jugendlicher wollte wenige Wochen nach dem Tod seines Vaters unter anderem wissen, in welcher Phase der Trauer er sich befinde und welche als Nächstes komme, ansonsten habe er alles verarbeitet. Auf die Frage, was er denn unter verarbeiten verstehe, antwortete er: »Verarbeiten heißt, nicht dran denken.«

Menschen, die früh mit dem Tod konfrontiert und überfordert worden sind, können eine lebenslange Verletzlichkeit behalten. Der Psychiater und Philosoph Blankenburg beschrieb den »Verlust der natürlichen Selbstverständlichkeit« (1971). Dass der Tod der Eltern nicht in der Zukunft liegt, sondern bereits eingetreten ist, unterscheidet betroffene Jugendliche von Gleichaltrigen. Die Tatsache, dass Jugendliche, schon bevor sie erwachsen sind, auf den elterlichen Schutz verzichten müssen, kann ein Außenseitergefühl und damit Schamgefühle auslösen. Man kann sich gezeichnet fühlen – wie Harry Potter – und fürchten, dass andere einem etwas ansehen, was man selbst als Makel empfindet.

Zum Jugendalter gehört der Wunsch, die eigene Autonomie zu entwickeln, und dafür kann es wichtig sein, keine Erwachsenen zu benötigen. Insofern waren wir beeindruckt, dass sich innerhalb einiger Wochen mehrere Jugendliche zu Gesprächsinterviews bei ihren Trauerbegleiterinnen meldeten. Alle äußerten großes Interesse und fragten zum Teil nach, wenn nicht gleich ein Termin vereinbart werden konnte. Aus den Transkriptausschnitten zum Thema, wie es für die Jugendlichen ist, über den verstorbenen Elternteil zu reden, konnten wir verschiedene Schwerpunkte herauslesen. Zum einen wurde ausgedrückt, dass das Sprechen über den Verstorbenen eine Anerkennung für ihn bedeutet. So sagte Timon, dass er »total gern« über seinen Vater spreche. Zum anderen formulierte Tanja, dass durch das Sprechen eine Anerkennung ihres Schicksals möglich wird:

»Aber es ist schon schön, das zu erzählen!« Mit dem »schon« könnte sie einen Gegensatz zur allgemeinen Auffassung meinen, dass nicht gern über Verstorbene gesprochen wird.

Ein weiterer Aspekt, der genannt wurde: Die Gesprächsinterviews böten auch die Möglichkeit, eine Anerkennung ihrer besonderen Situation durch die erwachsene oder professionelle Welt zu bekommen. So stellte sich Timon vor, dass es für uns Wissenschaftlerinnen wahrscheinlich schwierig sei, Freiwillige für das Interview zu finden, und drückte damit aus, dass er »helfen« könne. Damit würde sein tragisches Schicksal vielleicht nicht ganz sinnlos sein.

Judith hatte das Gefühl, von Gesprächen mit ihrer Trauerbegleiterin und Psychotherapeutin schon profitiert zu haben, und meldete sich zu dem Interview, weil sie ausprobieren wollte, mit einer fremden Erwachsenen über ihren Verlust zu sprechen. Möglicherweise war auch der Kontext, dass die Interviewerinnen zwar Psychotherapeutinnen waren, aber es sich bei dem Interview nicht um psychotherapeutische Erstgespräche handelte, von Vorteil. Die Jugendlichen konnte mithilfe des Gesprächsinterviews ein Gespräch mit einer Psychotherapeutin ausprobieren und eine Psychotherapeutin unverbindlich kennenlernen. Dass so ein unverbindliches Kennenlerngespräch auch in der krankenkassenfinanzierten Psychotherapie möglich ist, wissen viele nicht. Wenn Jugendliche in die psychotherapeutische Praxis kommen, haben sie oft nicht das Gefühl, erst einmal etwas ausprobieren zu können, sondern meinen, sie seien beim Erstgespräch bereits »in Therapie«.

Hilfreiche Haltungen in Gesprächen mit Jugendlichen nach Verlust

Der mentalisierungsbasierte Ansatz der Psychotherapie (Allen, Fonagy u. Bateman, 2011) befasst sich mit Haltungen, wie das Nichtwissen der Psychotherapeuten im Gespräch mit ihren Patientinnen und Patienten nicht nur toleriert, sondern dort auch zur Verfügung gestellt werden kann. Mentalisierung bedeutet, bei sich selbst und bei anderen Gedanken, Gefühle, Wünsche, Wahrnehmungen besser zu verstehen. Störungen können entstehen, wenn die eigenen Erfahrungen psychisch missinterpretiert werden und damit einhergehend auch die Erfahrungen anderer Menschen. Das Verstehen anderer hängt mit der Erfahrung zusammen, wie die eigenen inneren Zustände von nahen Angehörigen durch aufmerksame Fürsorglichkeit und emotionale Nähe verstanden wurden. Verlustereignisse lösen Bindungsreaktionen aus. Bei einem mangelbehafteten Bindungssystem können Stresserlebnisse, wie existenzielle Verluste durch Krankheit und Tod geliebter Angehöriger, zu einem Verlust der Mentalisierungsfähigkeit führen. Tritt ein solcher Verlust schon während der frühen Kindheit auf oder wird man als Kind von Eltern mit wenig mentalisierten Verlusterfahrungen aufgezogen, kann die Entwicklung der eigenen Mentalisierungsfähigkeit empfindlich gestört werden, und schwerere psychische Krankheiten können entstehen. Die Anwesenheit von sicheren Bindungspersonen, die die verbalen und nonverbalen Signale des Kindes aufnehmen, ohne sich selbst überwältigt zu fühlen, erwies sich in vielen Studien als besonders wichtig für die psychosoziale Entwicklung von Kindern. Häufig haben Menschen mit unsicheren oder desorganisierten Bindungsmustern Eltern, bei denen selbst unverarbeitete Verluste und Traumata vorliegen (Brennan u. Shaver, 1998).

Die mentalisierungsbasierte Psychotherapie (MBT), die mit psychoanalytischem Hintergrund verschiedene psychotherapeutische Techniken beispielsweise aus der systemischen Therapie integriert und u. a. für Patienten mit posttraumatischer Belastungsstörung (PTSD) evaluiert wurde, erscheint für die psychotherapeutische Arbeit mit Hinterbliebenen besonders geeignet; insbesondere deswegen, weil auf Interpretationen der wahrgenommenen Verhaltensweisen und Gefühle der Patienten verzichtet wird (Lorenzini u. Fonagy, 2013).

Für die Gesprächsführung mit Jugendlichen ist es hilfreich, wenn seitens der Beraterin oder Therapeutin eine authentische Neugier für deren Ansichten wie auch Phantasien gezeigt und sachlich reagiert wird. Die Angst vor Beschämung, die in diesem Alter besonders ausgeprägt sein kann und durch einen Verlust noch verstärkt werden kann, hält mitunter Helfende davon ab, genauer nachzufragen. Mirko formulierte: »Das erkennt man halt nicht.« Er äußerte dies im Zusammenhang damit, dass es guttue, in der Trauergruppe andere zu treffen, die auch einen nahen Angehörigen verloren haben, von denen man es gar nicht angenommen hätte. Man könnte interpretieren, dass er es gut findet, dass man den Verlust niemandem, also auch ihm nicht, ansehen kann. Damit ist aber verbunden, dass sich dann auch niemand dafür interessiert. So betonte Mirko, dass Aufmerksamkeit in dieser Lebenssituation guttue und nicht selbstverständlich sei.

Identifikationen der Helfenden mit Hinterbliebenen lösen tiefe Erschütterungen auch in den Helfenden aus. Das kann so weit führen, dass zum Beispiel eine Lehrerin »vergisst«, dass eine Schülerin auch eine Betroffene ist, wenn sie lehrplanmäßig das Thema »Sterben und Tod« behandelt. Wenn dann bestimmte Fragen gestellt oder Referate gefordert werden, kann dies die betroffenen Schülerinnen und Schüler überfordern und bei ihnen tiefes Unverständnis darüber hervorrufen, dass die Lehrperson scheinbar den Verlusthintergrund der Schülerin oder des Schülers nicht kennt. Das scheinbare Vergessen oder Überhören von wichtigen Inhalten zum Verlust aufseiten der Helfenden kann unter anderem daran liegen, dass die von Verlust Betroffenen in der Erzählsituation die damaligen Emotionen implizit thematisieren. Damit ist gemeint, dass die Emotion ausgelöst, aber nicht explizit ausgesprochen wird, was sich durch Transkripte gut zeigen lässt. So sagte Mirko zu Beginn des Gesprächs: »Man konnte es gar nicht so realisieren«, und meinte den schon erwähnten Unfalltod seines Vaters. Die Interviewerin hatte die Unfallursache nicht gehört und fragte nach. So wiederholte sich die emotionale Situation des Nichtrealisierens in der Interviewsituation. Die Interviewerin wurde von der Emotion so unmittelbar getroffen, dass auch sie zu Beginn die Unfallursache »gar nicht so« realisieren konnte.

Das Risiko, einem negativen Trauerverlauf ausgesetzt zu sein, wird bei denjenigen höher eingeschätzt, die nicht offen über den Verlust sprechen (Tein, Sandler, Ayers u. Wolchik, 2006). Aber was bedeutet offenes Sprechen? Durch Untersuchung der wörtlichen Rede der Jugendlichen sowie der Beratenden konnte in konversationsanalytischen Studien gezeigt werden, dass Kinder und Jugendliche in institutionellen Gesprächen Fragen und Unterstellungen zu ihrem Gefühlsleben zurückweisen (siehe zusammenfassend Lamerichs, Alisic u. Schasfoort, 2018). Vieles aus dem Innenleben eines Menschen ist nicht direkt durch Fragen und Ansprechen zugänglich. In ihrer Interviewstudie mit Kindern nach dem Erleben eines Verlusttraumas, in der gesprächsanalytisch die Antwort »Ich weiß nicht« untersucht wurde, fanden Lamerichs et al. (2018) heraus, dass Kinder damit sowohl ausdrücken können, dass sie sich nicht erinnern, als auch, dass sie nicht darüber sprechen wollen. Das kann damit zu tun haben, dass Kinder und Jugendliche sich schuldig oder beschämt fühlen für ihr Verlassen-worden-Sein. Verlusterfahrungen, die über eine Familie hereinbrechen, können tiefe Schamgefühle auslösen. Diese Gefühle können unbewusst bleiben. Eigentlich wird von Jugendlichen erwartet, dass sie sich selbstinitiiert von der Erwachsenenwelt trennen, dass sie mit Gleichaltrigen ihrer Wege gehen. Um diese »Freiheit« werden sie auch von den Erwachsenen beneidet. Der Verlust einer wichtigen anderen Person in dieser Zeit bedeutet eine schicksalhafte Trennung. Diese

Realität in Gänze anzuerkennen gelingt nicht sofort. Schuld- und Schamgefühle schützen auch vor der Anerkennung einer sehr schwierigen Realität. Aus Untersuchungen von Jugendlichen Patienten in der Psychotherapie ist bekannt, dass Symptombildungen, die zur Behandlung führen, oft erst viele Jahre nach einer Verlusterfahrung auftreten. So beschreibt Lang-Langer (2009) in ihren psychoanalytischen Fallstudien Kinder und Jugendliche, die viele Jahre nachdem sie eine Trennungs- oder Verlusterfahrung gemacht hatten, zu ihr in psychoanalytische Behandlung kamen. Sie lösten zunächst in der Psychotherapeutin schwer zu ertragene Gefühle von Hilflosigkeit, Ohnmacht und Verzweiflung aus. Die jugendlichen Patientinnen und Patienten induzierten in ihrer Therapeutin eben jenes Gefühl, mit dem sie sich seit Jahren herumschlugen. Erst nachdem die Therapeutin diese Gefühle erlitt, waren sie einer Besprechung zugänglich.

Wie ist das Schamgefühl Trauernder zu verstehen? Wer sich schämt, nimmt einen Unterschied zwischen sich und den anderen wahr. Er möchte unerkannt bleiben, sich verbergen, sich den Blicken der Anderen entziehen oder gar im Erdboden versinken. Das Schamgefühl macht auf eine zwischenmenschliche oder innere Gefahr aufmerksam. Auch im Inneren kann es als Gefahr wahrgenommen werden, etwas zu fühlen oder zu wissen. Scham ist ein Gefühl, dass sich durch Aufmerksamkeit und Aussprechen verstärkt im Gegensatz zu anderen Gefühlen, die sich durch das An- und Aussprechen beruhigen können. Die innere Gefahr ist zum Beispiel das Zusammenbrechen des eigenen Selbstverständnisses. »Scham hat eine ähnliche Funktion wie die Trauer [...]. Beide stellen wichtige Verarbeitungsprozesse dar. [...] Wer sich schämt, ringt mit sich selbst« (Hell, 2018). Das Schamgefühl kann darauf hindeuten, dass sich der Betroffene in einer Identitätskrise befindet mit der tief empfundenen Frage: Wer bin ich eigentlich? Eine Identitätskrise besteht in der Jugendzeit per se – »wie werde ich erwachsen sein?«. Aber auch der Verlust einer nahestehenden Person kann zu einer Identitätskrise führen: »Wer bin ich ohne den Verstorbenen?« So sagte einmal ein 13-jähriger Junge, dessen Vater sterbenskrank war, dass er sich fürchte zu weinen. Er würde sich, wenn er weine, »wie in einer Müllpresse« fühlen. Dieses körperliche Gefühl kann als Ausdruck für Scham verstanden werden: Ohne den Vater bin ich nichts mehr wert und könnte auch entsorgt werden.

Exkurs: Verwaiste Kinderbuchhelden

Viele Kinderbuchhelden und -heldinnen wachsen ohne Eltern auf, und die Lesenden verfolgen ihre Abenteuer mit großer Spannung und Freude, aber auch Ängsten und Unsicherheiten. Die Lesenden erhalten Antworten auf existenzielle Fragen in Bezug auf Elternschaft und Vergänglichkeit. Wie im vorangegangenen Kapitel dargestellt, findet in der Jugend ein bedeutender Umwandlungsprozess statt, in dem die Eltern der Kindheit »verschwinden«. Die Elternlosigkeit vieler Kinderbuchhelden kann also auch verstanden werden als Ausdruck des Ablösungs- und Desillusionierungsprozesses der Jugend, in der Eltern schwierig, langweilig, spießig und ängstlich erscheinen. So fällt in den entsprechenden Büchern zunächst kaum auf, dass die Erzählungen von Angehörigen kranker, gestorbener oder verschwundener Menschen handeln. Bastian Balthasar Bux in Michael Endes »Unendlicher Geschichte« hat zu Beginn des Buches seine krebskranke Mutter verloren und zieht sich zurück. Peter Pan wurde von seiner Mutter im Park vergessen, Harry Potters Eltern wurden vor seinen Augen ermordet.

Harrys Entwicklung wurde durch den Mord an seinen Eltern und den versuchten Mord an ihm selbst wie durch das Fehlen von einfühlsamen Ersatzeltern nach der traumatischen Erfahrung sehr belastet. Erst in späteren Folgen der Saga wird erzählt, dass auch der jugendliche Lord Voldemort traumatische Kindheits-

erfahrungen hatte, die ihn zu schwarzer Magie greifen und damit
böse werden ließen. Der Versuch der Überwindung der eigenen
Sterblichkeit führt ins Unglück. Albus Dumbledore verkörpert
eine andere Haltung gegenüber Sterben und Tod. Immer wieder geht es ihm darum, die eigene Vergänglichkeit anzuerkennen und dem Wunsch nach Unsterblichkeit zu widerstehen. Er
sagt zu Harry: »So tief geliebt zu sein, selbst wenn der Mensch,
der uns geliebt hat, nicht mehr da ist, wird uns immer ein wenig
beschützen« (Rowling, 1998, S. 38).

Dieser Schutz besteht in seiner Beziehungsfähigkeit, die es ihm
ermöglicht, immer wieder unterstützende Andere zu finden,
Verzweiflung und Todesängste zu ertragen und Trost zu finden.
Erwachsene reagieren oft beunruhigt, wenn sie wahrnehmen, dass
Kinder und Jugendliche sich mit existenziellen Ängsten, Gefühlen
von Einsamkeit und Verzweiflung herumschlagen. Möglicherweise ist die Faszination der Harry-Potter-Saga bei Kindern und
Jugendlichen und die Befürchtungen ihrer Eltern, ein zu frühes
Lesen könnte ihnen schaden, durch die in vielen Abenteuern aus-
formulierten intensiven, existenziellen Gefühle begründet. Wid-
rige Umstände zu meistern, indem diese anerkannt und nicht verleugnet werden, kann Hoffnung und Vertrauen in die Zukunft
entstehen lassen: Ein Held oder eine Heldin ist, wer es trotzdem
schafft. Letztlich zeigen diese Erzählungen, dass ein bewusstes
Verständnis der eigenen frühen Geschichte helfen kann, das Leben
erfolgreich zu meistern (Subkowski, 2004).

Solch eine Erfolgsgeschichte ist auch die von Bastian Balthasar
Bux. Ein kleiner, dicker Junge flieht vor den ihn ärgernden Klas-
senkameraden in den Buchladen von Herrn Koriander. Dort wird
er unwiderstehlich von einem Buch angezogen, das er mitnimmt;
er schließt sich auf dem Speicher der Schule ein und steigt beim
Lesen schließlich als Prinz selbst in die Geschichte ein. Anders

als in seinem realen Leben, wo die Mutter an Krebs gestorben und der Vater in depressivem Rückzug für den Sohn emotional nicht erreichbar ist, gelingt es Bastian, in Phantasien die kindliche Kaiserin vor dem Sterben zu erretten. Er erlebt viele Abenteuer und möchte selbst Kaiser werden. In der »Alte Kaiser Stadt« begegnet er den Menschen, die sich als Kaiser von Phantasien gewähnt haben. Sie werden nicht älter, haben keine Wünsche und keine Erinnerungen. Er realisiert, dass er so nicht werden möchte, und landet schließlich im Änderhaus. Dort beginnt er plötzlich zu weinen und zu schluchzen und kann kaum aufhören. Er findet seinen in einem Eisblock eingefrorenen Vater und hilft ihm, das Eis aufzutauen.

Ein Vater, der sich auftauen lässt, kann einem Jugendlichen helfen, die schmerzlichen Gefühle der Trauer über den Verlust der Mutter zuzulassen (Ladan, 2003). In der »Unendlichen Geschichte« zeigt die Erzählung außerdem einen Weg, Jugendliche, die ein Familienmitglied durch Tod verloren haben, durch Trauerbegleitung zu erreichen. Es beginnt mit einer Schamszene. Der Junge ist zu dick, wird gehänselt und flieht. In seinem Rückzug in den Buchladen, ein Ort, in dem Gedanken und Gefühle explizit gemacht werden, sieht er das Buch und ist davon wie magisch angezogen. Das könnte man verstehen als den unbewussten Wunsch, sich zu entwickeln. Das Buch liegt da, und als Herr Koriander sich für einen Moment entfernt, nimmt Bastian es mit. Heimlich! Er liest es allein und kommt mit neuen Erkenntnissen aus der Geschichte wieder heraus. Er geht mit seinem Vater zurück zum Buchhändler und erzählt diesem seine erlebte Geschichte. Der Buchhändler sagt nichts, er »schloss behutsam die Tür und blickte den beiden nach« (Ende, 1979, S. 427). Ein Dasein für Jugendliche, ohne sie zu bedrängen, auch wenn sie sich verrennen, erfordert Geduld, Mut und die Fähigkeit, eigenes Nichtwissen zu akzeptieren.

Studien zu den Folgen von Elternverlust im Jugendalter

Die empirische Studienlage zum Erleben und zu den Folgen von Elternverlust im Jugendalter ist sehr heterogen. Häufig wurden Inanspruchnahme-Populationen untersucht, also Kinder und Jugendliche, die sich bereits in psychotherapeutischer oder psychiatrischer Diagnostik und Behandlung befanden, seltener repräsentative Gruppen. Ebenfalls sehr selten wurden Längsschnitt- und Interviewstudien durchgeführt. In dem narrativen Review über Studien zu Elternverlust im Kindes- und Jugendalter der vergangenen zwanzig Jahre von Lytje und Dyregrov (2019) werden die psychologischen, psychiatrischen, sozialen und physischen Risiken und Konsequenzen von Elternverlust zusammenfassend dargestellt. Wir stellen die wesentlichen Ergebnisse zusammen.

Psychologische Reaktionen

Vielfältige psychische und psychiatrische Reaktionen und Folgen von Elternverlust werden seit Jahrzehnten beschrieben. Dazu gehören Angst, Wut, Regression, Depression, Schlafstörungen, intrusive Gedanken sowie Schuldgefühle insbesondere nach dem Suizid eines Elternteils. Depressive Störungsbilder sind am häufigsten dokumentiert, wobei das Risiko nach Elternverlust an einer depressiven Störung zu erkranken, in den verschiedenen Studien unterschiedlich beurteilt wird. Das liegt an der großen Unterschiedlichkeit der Studien. Manche Studien erfolgen durch Inanspruchnahme-Populationen. Andere werden nur anhand von Fragebögen entwickelt, die von Eltern und/oder anderen Betreuungspersonen ausgefüllt werden. Des Weiteren sind die Altersstufen der untersuchten Jugendlichen unterschiedlich. Bei manchen geht das Jugendalter bis 18 Jahre, bei anderen bis 21 oder 25 Jahre. Außerdem wissen wir, dass die Unterschiedlichkeit von jugendlichen Reaktionen nur bedingt mit dem Alter zu tun hat. Sinnvoller ist es, die psychische Reife der Persönlichkeit zu bestimmen ähnlich der Bestimmung der körperlichen Reife. Das wiederum birgt eine Fülle von methodischen Schwierigkeiten.

Die Autoren Lytje und Dyregrov (2019) beschreiben eine Arbeit von Bylund-Grenklo, Fürst, Nyberg, Steineck und Kreicbergs (2016), in der 622 Jugendliche im Alter zwischen 19 und 25 Jahren untersucht wurden, die einen Elternteil verloren hatten, als sie 13–16 Jahre alt waren. 51 Prozent der Befragten hatten den Verlust überwunden und 49 Prozent gar nicht oder kaum. Interessant ist die Tatsache, dass den Jugendlichen eine einfache Frage gestellt wurde: »Hast du deine Trauer verarbeitet?« (Übers. d. Autorinnen). Der psychischen Komplexität der »Verarbeitung« eines Verlustes wird damit nicht Rechnung getragen.

In einer longitudinalen Studie (Brent, Melhem, Donohoe u. Walker, 2009) konnte gezeigt werden, dass Jugendliche, die nach Jahren des Verlustereignisses keine Veränderungen zeigten, möglicherweise an komplizierter Trauer litten. Schon Worden (1996) hatte in einer Interviewstudie gefunden, dass einige Jugendliche erst zwei Jahre nach Elternverlust depressive Symptome entwickelten.

Nicht alle Studien befassen sich mit den Risiken nach Elternverlust, sondern mit der Widerstandsfähigkeit (Resilienz) der Jugendlichen. So fanden Christ und Christ (2006) in einer eindrucksvollen longitudinalen Interviewstudie von Kindern und Jugendlichen, die keine Erfahrungen in psychotherapeutischer oder psychiatrischer Diagnostik und Behandlung hatten, dass intensive soziale Unterstützung nach dem Verlust den meisten Betroffenen half, sich ohne wesentliche Störungen weiterzuentwickeln. In einer anderen Longitudinalstudie (Feigelman, Rosen, Joiner, Silva u. Mueller, 2017) entwickelten sich die Betroffenen trotz anfänglicher Schwierigkeiten innerhalb von sieben Jahren wieder normal.

Das Risiko, kinder- und jugendpsychiatrische Krankheitsbilder zu entwickeln

In Untersuchungen von kinder- und jugendpsychiatrischen Patientenkollektiven – wie auch in der Erwachsenenpsychiatrie – finden sich immer wieder gehäuft Verlustereignisse im Leben der Betroffenen. Zu den gefundenen psychiatrischen Krankheitsbildern gehören u. a. Depressionen, Angststörungen, Sucht und PTSD. Die Frage, ob die Verluste als ursächlich für die spätere psychiatrische Störung gelten können, ist komplex. In einer landesweiten Studie in Dänemark in der 1.124.215 von zwischen 1970 bis 1990 Geborenen in Bezug auf Elternverlust in der Jugend und Gebrauch von antidepressiver Medikation im Erwachsenenalter untersucht wurden, fand sich ein signifikant erhöhter Gebrauch von Antidepressiva bei Menschen, die in der Jugend einen Elternteil durch Tod verloren hatten (Appel et al., 2016). Die Autoren des Reviews konstatieren, dass wenig neue Erkenntnisse über die Auswirkungen von Elternverlust auf psychiatrische Störungen im Erwachsenenalter existieren.

Das Risiko, nach Elternverlust suizidgefährdet zu sein, ist eine der gefährlichsten Folgen von Verlust. Lytje und Dyregrov (2019) beschreiben zu diesem Aspekt eine Studie, nach der Suizidversuche von Jugendlichen, die einen Verlust eines nahen Angehörigen erlitten hatten, im Vergleich zu anderen Jugendlichen deutlich häufiger auftraten (ca. 10 Prozent). Besonders erhöht ist das Risiko, wenn Eltern eines unnatürlichen Todes gestorben sind. Auch erhöhter Drogenkonsum und Sucht sind in mehreren Studien als Folge von frühen Verlusten belegt.

Der Tod eines Elternteils hat für die Kinder auch soziale Konsequenzen, was aber vergleichsweise wenig untersucht wurde. Das Risiko, später arbeitslos bzw. unzufrieden mit der sozialen Situation zu sein, scheint erhöht. Für Jugendliche ist es besonders wichtig, jemanden zu haben, mit dem sie sprechen können. Diejenigen, die niemanden hatten, waren signifikant gefährdeter, Opfer krimineller Handlungen oder selbst kriminell zu werden.

In älteren Studien finden sich Hinweise, dass Menschen, die einen Elternteil vor ihrem 16. Geburtstag verloren haben, vermehrt unter körperlichen Beschwerden und Krankheiten leiden. Dazu gehören Kopfschmerzen, Asthma, Appetitverlust, Konzentrationsschwierigkeiten, Muskelschmerzen, Schlafstörungen und chronische Müdigkeit. Offenbar scheinen diese Symptome zum Teil sogar lebenslang anzuhalten. In anderen Studien konnten diese Korrelationen nicht gefunden werden. Allerdings zeigte sich in großen bevölkerungsbasierten Studien in Skandinavien, dass früher Elternverlust mit früherem eigenem Tod assoziiert war. Die Autoren argumentieren, dass mangelnde Gesundheitssorge nach Elternverlust eine der Ursachen dafür sein könnte.

Zusammenfassend betonen die Autoren des Reviews, dass die isolierte Untersuchung von psychischen Folgen von Verlust problematisch ist. Die Kontexte der Familien Betroffener wurden kaum untersucht. Lytje und Dyregrov (2019) vermuten, dass Jugendliche aus besser gestellten Familien mehr Unterstützung bekommen. Die scheinbar widersprüchlichen Ergebnisse bestätigen nach Ansicht der Autoren erneut den Bedarf an qualitativ hochwertiger Forschung zu den Folgen von elterlichem Verlust.

In unseren eigenen klinischen Beobachtungen von psychosomatischen Patientinnen und Patienten fanden sich erstaunlich häufig Verlustereignisse in der Biographie, die bisher in ärztlichen Gesprächen nicht thematisiert worden waren. Das scheint auch daran zu liegen, dass immer wieder Unsicherheiten bestehen, *wie* mit Hinterbliebenen über ihre Verlusterfahrungen und ihr aktuelles Befinden gesprochen werden kann. Deshalb ist unsere explorative Pilotstudie darauf ausgerichtet, mit betroffenen Jugendliche zu sprechen und ihre wörtliche Rede zu untersuchen. Denn gerade die Gesprächsforschung kann wertvolle Anregungen, Hilfestellungen und Reflexionen ermöglichen. Damit stehen wir in einem interdisziplinären Kontext, in dem seit einigen Jahren wörtliche Rede beim Sprechen über belastende Erfahrungen untersucht wird. Einer der Schwerpunkte dieser Forschung ist die genaue Betrachtung des Erzählens und die Frage nach dem Zusammenhang zwischen Erzählen und Bewältigen. Dies führen wir im folgenden Kapitel näher aus.

1.3 Erzählen und Bewältigen

Wir führen hier zunächst aus, was unter Bewältigen verstanden wird, und gehen dann auf die Rolle des Erzählens in diesem Kontext ein. Die gebräuchlichsten Verben, mit denen Reaktionen auf Verlusterfahrungen in verschiedenen Zusammenhängen beschrieben werden, sind *verarbeiten, bearbeiten, bewältigen*. Sie weisen auf den Prozesscharakter der Reaktionen hin; es gibt ein Ziel, das erreicht werden will. Manchmal werden die Ziele auch durch Substantivierung formuliert: Bewältigung, Verarbeitung usw. Wir haben oben diese Begriffe abwechselnd verwendet, aus unserer Sicht sind sie allerdings – wie viele sprachliche Begriffe – im Grunde ungenau. Wir verstehen unter Bewältigen, Bearbeiten und Verarbeiten einen Prozess von inneren und äußeren Vorgängen, die durch den Verlust ausgelöst werden. Es geht uns also weniger um die Frage, *ob* eine Verlusterfahrung verarbeitet wurde, sondern um die Frage, *wie* der Prozess der körperlich-seelischen Reaktionen auf einen Verlust beschreibbar ist. Der Begriff des Verarbeitens von schweren Erfahrungen und Lebensereignissen geht auf die Psychoanalyse zurück. Freud prägte den Begriff »Trauerarbeit« und beschrieb damit einen Vorgang seelischer Heilung. Damit sind innerseelische und überwiegend unbewusste Vorgänge gemeint, die als Reaktionen auftreten. Der Begriff »verarbeiten« wird auch in der Gesprächsanalyse verwendet. So bezeichnen Gülich und Hausendorf (2000) das Erzählen als eine Verarbeitungsleistung. Inzwischen ist der Begriff aber in den allgemeinen Sprachgebrauch eingegangen und seine Bedeutung ist damit unscharf geworden.

Weil Trennung und Verlust eine Bedrohung für Menschen darstellen, auf die sie körperlich-seelisch reagieren, dient der durch den Verlust ausgelöste Prozess der Anpassung dem Weiterleben ohne den Verstorbenen. Krankheits- und Verlusterfahrungen führen im Leben der Betroffenen oft zu tiefen Veränderungen, die auch mithilfe des Erzählens bewältigt werden. Indem wir erzählen, ordnen wir ein Erlebnis oder eine Erfahrung und kreieren Bedeutung und Sinn. Es wird auch von *narrativer Bewältigung* gesprochen (Scheidt, 2016), die nicht allein an eine Erzählsituation mit einem Gegenüber gebunden ist, sondern auch in schriftlicher, künstlerischer Form (Tagebuch, Gedichte u. a.) stattfinden kann. Im Rahmen der psychosomatischen Medizin wird seit Langem eine Ergänzung der evidenzbasierten Medizin durch die sogenannte narrative Medizin gefordert. Damit ist gemeint, auf Erzählungen von Patienten zu hören, diese mit einem narrativen Interviewstil zu unterstützen und nicht ausschließlich in Frage-Antwort-Schemata mit ihnen zu sprechen. Diese narrative Wende in der Medizin führte zu einer Wertschätzung von Krankheitserzählungen der Patienten, weil erkannt wurde, dass viele Beschwerden von Patienten erst durch Aufmerksamkeit auf deren Sprechen und Sprache zu hilfreichen Interventionen führten. Die parallel stattfindende narrative Wende in den Sozialwissenschaften ermöglichte daran anknüpfende Forschungsprojekte in verschiedenen Disziplinen wie der linguistischen Gesprächsforschung, der Medizinsoziologie und der Psychotherapieforschung (Gülich, 2017). Gülich beschreibt anhand der Veränderungen des Lehrbuchs »Psychosomatische Medizin« von der 1. bis zur 8. Auflage, wie der »narrative Erkenntnismodus« im Arzt-Patient-Gespräch an

Bedeutung gewinnt, der es den Patienten erlaubt, ihre subjektive, individuelle Wirklichkeit darzustellen, und wie der Arzt in der Rolle als Zuhörer die Patienten dabei unterstützen kann. Es geht um die Frage, wie eine »erzählfreundliche« Situation (Quasthoff, zit. nach Gülich, 2017, S. 141) geschaffen werden kann, weil Erzählen eine wichtige Form der Verständigung darstellt.

In ihrer Darstellung der erzählenden Wende der Psychoanalyse schreibt Boothe: »Erzählend suchen Personen Resonanz und Akzeptanz« (Boothe, 2011, S. 196). Dabei ist der Unterschied zwischen einer Krankheitserzählung (»illness narrative«) und einer Krankengeschichte oder Anamnese zu beachten. »Die Forschung zeigt, dass narrative Selbstdarstellung in der alltäglichen und psychotherapeutischen Kommunikation eine Schlüsselrolle spielt« (Boothe, 2011, S. 197). Der US-amerikanische Psychologe und systemische Psychotherapeut Robert Neimeyer und Kollegen haben in ihrer Trauertherapie Techniken entwickelt und beforscht, wie Klientinnen und Klienten dabei unterstützt werden können, Erzählungen ihrer Verlusterlebnisse zu produzieren (Neimeyer, 2012). Sie beschreiben, wie Psychotherapeuten einfache Fragen nutzen können, um Erzählungen anzuregen, und wie diese hilfreich wirken können.

Abhängig von der zuhörenden Person führen Verlusterzählungen zu einer Aktualisierung der mit dem Verlust verbundenen Gefühle und bieten gleichzeitig die Chance, sich davon zu distanzieren (siehe auch Knerich u. Haagen, 2021). So können Gespräche, in denen das Erzählen unterstützt wird, zu einer Integration der Verlusterfahrung führen. Dadurch kann eine geteilte Wirklichkeit entstehen, die tröstlich wirkt, weil die hinterbliebene Person auch im übertragenen Sinne nicht mehr allein ist. Diese geteilte Wirklichkeit entsteht im Gespräch durch die Interaktion in der aktuellen Situation, denn Erzählungen sind dialogisch strukturiert und auf ein Gegenüber ausgerichtet. Dieses ist mittels Zuhörsignalen, Nachfragen und Kommentaren am

Entstehen der Erzählung beteiligt: Die zuhörende Person leistet also eine narrative Ko-Konstruktion des Erlebten.

Um einen Trauerprozess emotional zu ertragen, brauchen Betroffene die Fähigkeit, negative Gefühle auszuhalten, die eigenen inneren Zustände zu beschreiben, sowie die Fähigkeit, Beziehungen einzugehen (Küchenhoff, 2013). Diese Bedingungen gelten für beide Seiten, die betroffene wie die helfende Person. »Trauer braucht den Anderen, sie braucht einen Rahmen. Einsame Trauer vergrößert den Schmerz oder lässt Verzweiflung unaushaltbar werden« (Küchenhoff, 2013, S. 233). Der oder die Andere soll nicht aufgehen im Prozess der Trauer, aber einen Rahmen bieten. Nur wenn die zuhörende Person die starken Gefühle der hinterbliebenen Person ertragen kann, kann sie eine erzählfreundliche Gesprächsatmosphäre schaffen. In der Psychotherapie wird davon ausgegangen, dass durch die eigene Psychotherapie, die zentral in der Weiterbildung ist, die Fähigkeit ausgebildet wird, starke Gefühle beim Gegenüber zu ertragen und von den eigenen zu unterscheiden. In der Ausbildung zur Trauerbegleiterin wird eine Beschäftigung mit der eigenen Verlustgeschichte vorausgesetzt. Existenziell belastende Erfahrungen werden üblicherweise in geschützten Kontexten erzählt. Das heißt, Erzählungen werden möglich, wenn die erzählende Person auf eine zuhörende trifft, die die Erzählung unterstützt und selbst in der Lage ist, belastende Erfahrungen anderer aufzunehmen.

Die Beschäftigung der linguistischen Gesprächsforschung mit Traumanarrativen, Krankheitserzählungen und Erzählungen im psychotherapeutischen Gespräch basiert auf einer breiten gesprächslinguistischen Forschung zum Erzählen in den verschiedensten Kontexten, vom Alltag über das narrative Forschungsinterview bis zum Erzählen innerhalb von institutionellen Kontexten (siehe z. B. Gülich, 2008: zu Alltagserzählungen; Lucius-Hoene u. Deppermann, 2004: zu narrativen Interviews; Gülich, 2020: zum Erzählen im Arzt-Patient-Gespräch). Zentral bei diesen Forschungsarbeiten ist zum einen der interaktive Aspekt des Erzählens als *gemeinsame* Leistung aller Beteiligten (siehe auch Kapitel 2.3) und zum anderen die Beobachtung, dass Erzählen stets eine Re-Konstruktion und Re-Interpretation der Erinnerung in der aktuellen Situation ist (Gülich, Knerich u. Lindemann, 2009).

Zu den psychologischen Aspekten des Erzählens zählt der Aufbau autobiographischer Gedächtnisstrukturen. Lucius-Hoene und Scheidt (2017, S. 236) bezeichnen dies als »Bausteine des autobiographischen Gedächtnisses«. Aus solchen autobiographischen Gedächtnisstrukturen, die Erfahrungen mit anderen Menschen beinhalten und immer wieder neu interaktionell ausgehandelt werden, bildet sich die Fähigkeit zur Mentalisierung. Wie bereits in Kapitel 1.2 ausgeführt, beschreibt der Begriff »mentalisieren« die Fähigkeit, Absichten, Gefühle, Bedürfnisse und Wünsche in sich selbst und im Gegenüber und deren Wirkungen auf die gegenseitige Beziehung zu erkennen und zu beschreiben. Es geht um die reflektive Fähigkeit, den Anderen wie sich selbst als Wesen mit eigenen geistig-seelischen Zuständen zu sehen. Diese geistig-seelischen Zustände werden in Narrativen dargestellt, aber nie vollständig verstanden. Zur Fähigkeit zu mentalisieren gehört die Erkenntnis, dass ich mein Gegenüber nie vollständig verstehen oder genau wie es empfinden kann und dass in der mentalen Welt die Dinge der realen Welt nie eins zu eins abgebildet werden (Gerspach, 2001). Gesprächsanalytisch wird von den »Grenzen der Intersubjektivierbarkeit« (Stukenbrock, zit. nach Kohl, 2020) gesprochen, wenn sprachlich gezeigt werden kann, wie der Interviewte davon ausgeht, dass die Interviewerin ihn nicht verstehen kann. Interessanterweise ist Peter Fonagy, der das Mentalisierungskonzept ausgearbeitet und vielfältig beforscht hat, Sohn des international anerkannten Linguisten Ivan Fonagy, der damit begonnen hat, den tatsächlichen Sprachgebrauch empirisch zu untersuchen (Buchholz, 2014).

Die Fähigkeit zu mentalisieren wird in der Kindheit erworben und ist abhängig von der Mentalisierungsfähigkeit der primären Bezugspersonen. Sie beinhaltet die Fähigkeit zu symbolischer Vermittlung, die sich besonders im Erzählen zeigt, wenn die erzählende Person sich vorstellt, was die zuhörende wohl von ihr wahrnimmt – also der Blick durch die Augen des Gegenübers auf sich selbst. Mentalisieren tun wir in der Regel automatisch, wenn wir emotional ausgeglichen sind.

Aus der interdisziplinär geprägten Perspektive von Psychotherapie- und Gesprächsforschung ist Erzählen ein Prozess und eine Handlung. Es ist sinnvoll, diese Seite des Erzählens zu beleuchten und nicht nur die Geschichte selbst, das Resultat des Erzählens. Denn wenn man den Erzählprozess betrachtet, kann man nachvollziehen, ob Erzählen zur Bewältigung schmerzlicher Verlusterfahrungen beiträgt und wie im Erzählen das Erfahrene bearbeitet wird. Es geht also um die Erzählenden und nicht um die *Wirkung* einer Verlusterzählung auf die Zuhörenden (Lucius-Hoene u. Scheidt, 2017). Aus gesprächslinguistischer Perspektive können wir unterstreichen, dass wir diese prozessuale Handlungsperspektive teilen und deshalb die Erzählenden und die *Interaktion* mit den anderen Gesprächsbeteiligten fokussieren. Darauf beziehen sich auch Lucius-Hoene und Scheidt (2017) aus einer am Gespräch als solches interessierten psychologischen Perspektive, wenn sie beschreiben, dass das Erzählen auf zwei Ebenen wirksam für die Bewältigung werden kann: auf der Ebene der Konstruktion der Erzählung und auf der Ebene der interaktiven Gestaltung.

Dagegen werden Geschichten als Resultat des Erzählens in psychologischen Darstellungen oft als Fallvignetten dargestellt. Diese handeln von dem, *was* erzählt wird, und berücksichtigen kaum, *wie* erzählt wurde. Aber auch für die Untersuchung der psychologischen Funktionen des Erzählens ist die Perspektivierung auf das *Wie*, in der das Erzählen als Handlung begriffen wird, sinnvoll. Hier nutzt die Psychotherapieforschung die Methode der linguistischen Gesprächsforschung, die besonders geeignet ist, um dem *Wie* des Erzählens auf die Spur zu kommen.

Forschende im rein gesprächslinguistischen Feld und in der interdisziplinären Zusammenarbeit zwischen Gesprächs- und Psychotherapieforschung fragen auch nach dem Zusammenhang zwischen dem sprachlich-kommunikativen *Wie* des Erzählens und psychischen bzw. psychosozialen Verarbeitungsprozessen. Dieser Zusammenhang ist komplex, weil die erzählerischen Gestaltungsmittel reichhaltig sind und Erzählende sie zudem an die jeweilige Erzählsituation anpassen. Bei der Analyse des sprachlich-kommunikativen *Wie* des Erzählens sollte die gesamte Erzählung betrachtet werden, da Einzelmerkmale zusammenspielen und nicht getrennt auf ihren Bezug zu Bewältigungsprozessen untersucht werden können. Auch die Erzählgewohnheiten und -fähigkeiten der Betroffenen sollten berücksichtigt werden (Deppermann u. Lucius-Hoene, 2005; Stukenbrock, 2013).

Bezüge zwischen Erzählen und Bewältigen werden in diesem Forschungskontext demzufolge eher vorsichtig formuliert. Dennoch setzen die Forscherinnen und Forscher eine erfolgte Bewältigung in Verbindung mit einer vollständigen Erzählung: Diese hat einen Anfang und ein Ende, die Perspektive der erzählenden Person wird deutlich, sie kann ihre Affekte und Gefühle in Worte fassen, ohne darin zu versinken, und stellt einen Bezug zur zuhörenden Person her. Sich selbst und andere präsentiert sie dabei als handelnde Subjekte, indem sie beispielsweise Dialoge wiedergibt und nachvollziehbare Handlungsfolgen formuliert. Von einer unvollständigen oder problematischen Bewältigung gehen die Forschenden aus, wenn die von belastenden Ereignissen Betroffenen entweder distanziert berichten oder beim Erzählen von ihren Gefühlen überwältigt werden (Stukenbrock, 2013, 2015). Der Extremfall ist eine vollständige Unmöglichkeit, das Geschehene in Worte

zu fassen (Deppermann u. Lucius-Hoene, 2005). Obwohl es
für einige sprachlich-kommunikative Mittel naheliegt, sie im
Zusammenhang mit der Art und Weise sowie dem Grad der
Bewältigung traumatischer Lebensereignisse zu sehen, sind
aus gesprächsanalytischer Sicht genaue Analysen erforderlich,
bei denen auch der Kontext des Erzählens berücksichtigt wird.
Ein Bezug zu Bewältigung und möglichen Hindernissen wird
in dieser Forschung daher auch nur einzelfallbezogen hergestellt (Deppermann u. Lucius-Hoene, 2005).

Aus der Perspektive der qualitativen Psychotherapieforschung gehen Lucius-Hoene und Scheidt (2017, S. 237) davon
aus, dass »das Erzählen eine Bewältigungswirkung entfalten
kann«. Dies geschieht, weil die Betroffenen das Geschehen für
die Zuhörenden strukturieren und in eine nachvollziehbare
Reihenfolge bringen müssen, damit das Gegenüber die Erzählung als nachvollziehbare Geschichte versteht. Das heißt, dass
die Erzählenden – je nach Situation und Zuhörenden – aus-
wählen, welche Aspekte sie erzählen und welche nicht, wie sie
sich und andere darstellen und welche Emotionen sie auf welche Weise ausdrücken. Sie können auch bestimmte problema-
tische Aspekte auslassen und so Gefühle von unerträglichem
Schmerz, Beschämung oder Hilflosigkeit umgehen. So gestalten
die Beteiligten im Gespräch eine »narrativ ›reparierte‹, weniger traumatische Version der Wirklichkeit« (Lucius-Hoene u.
Scheidt, 2017, S. 238). Diese kann für Hörer wie Erzähler stabi-
lisierend wirken. Erzählen eröffnet also – innerhalb der Grenzen der eigenen Erinnerung und des Kontextes, in dem erzählt
wird – einen kreativen Gestaltungsspielraum (Lucius-Hoene u.
Scheidt, 2017) für die Re-Interpretation des Erlebten.

Auf der Ebene der Interaktion entstehen gewisse Anforde-
rungen an die Selbstdarstellung als kompetent, verantwortungs-
voll oder Ähnliches gegenüber den Zuhörenden, denen gewisse
Erwartungen zugeschrieben werden. Zugleich bietet sich »dem

Erzähler in besonderem Maße die Möglichkeit, interpersonelle
Formen der Bewältigung zu nutzen, zum Beispiel Empathie und
Verständnis zu wecken und zu erfahren, Bedeutungen kom-
munikativ auszuhandeln, anhand der Hörerreaktionen eigene
Hypothesen, Vermutungen, tentative Entwürfe und die Über-
zeugungskraft der eigenen Sichtweisen zu testen« (Lucius-Hoene
u. Scheidt, 2017, S. 238). Dabei kann eine spezielle interaktive
Gestaltung der Erzählsituation der erzählenden Person Raum
bieten, sich erneut mit ihren Erfahrungen auseinanderzuset-
zen: »unbestrittenes Erzählrecht, ungehinderte Relevanzset-
zung des Erzählers, mitschwingendes, nicht wertendes Zuhören« (S. 238). Die Hoffnung auf diese Auseinandersetzung mag
die Jugendlichen unserer Interviewstudie dazu bewogen haben,
sich in Trauergruppen zu engagieren und sich für die Erzählinterviews zu melden.

Zur interaktiven Gestaltung der Erzählsituation gehört auch,
dass die zuhörende Person kein privilegiertes Wissen über das
vergangene Erleben der erzählenden Person besitzt. Das entspricht der mentalisierungsfördernden Haltung des Nicht-
wissens, die eine Psychotherapeutin einnehmen und aushalten sollte. Gesprächsanalytische Reflexionen helfen, sich der
kollaborativen, ko-konstruierenden Aktivität der Zuhörenden
bewusst zu werden.

Erzählende fühlen sich meist nach einer Erzählung besser,
auch wenn die Geschichte einen negativen Ausgang nahm. Dies
wird in der Psychotherapie und Trauerbegleitung genutzt. Für
den Erzählprozess als Verarbeitung und Bewältigung von Gefühlen der Destabilisierung braucht es anteilnehmende Zuhörende.
So wird eine subjektive Version der eigenen Geschichte erzeugt,
was das Kohärenzerleben stärkt, das eigene Leben mit (mehr)
Sinn erfüllen und damit zu verbessertem Befinden führen kann.
Lätsch (2017) beschreibt in seinem Kapitel über das Erzählen
in der Psychotherapie Forschungsergebnisse, die zeigen, dass

Psychotherapien »die agentivische Position des Erzählers und des erzählten Ichs in der eigenen Lebensgeschichte fördern«. In diesem mit dem Begriff Agency bezeichneten Gestaltungsmittel liege eine Ursache für die Verbesserung des Befindens durch Psychotherapie.

In ihrem Aufsatz »Das Alltagsgeschäft der Interdisziplinarität« beschreibt die Gesprächsforscherin Elisabeth Gülich (2006) die Schwierigkeiten wirklicher wissenschaftlicher Zusammenarbeit, wenn es nicht um eine bloße additive Zusammenschau verschiedener Disziplinen gehen soll. Als sie Medizinern einen Transkriptausschnitt eines Arzt-Patient-Gesprächs vorlegte, reagierten diese irritiert. Für die Ärztinnen und Ärzte war es befremdlich, darüber nachzudenken, *wie* ein Patient oder eine Patientin spricht, und sie waren irritiert, dass ihre eigenen Sätze zum Teil unvollständig waren. Das Unverständnis der einen Disziplin für die andere wird erst in der interdisziplinären Zusammenarbeit richtig deutlich, wenn Vertreter der einen Disziplin ihr Vorgehen und ihre Denkweisen Vertretern der anderen Disziplin zu erklären versuchen. Gerade die gemeinsame Analyse von transkribierten Gesprächen macht die unterschiedlichen Herangehensweisen deutlich. Auch die Ziele der Analyse unterscheiden sich: Während Psychotherapeutinnen und Ärzte gern Verbesserung für ihre Praxis suchen, geben Gesprächsanalytiker keine Ratschläge dafür. Gülich beschreibt – und so haben wir es auch erlebt –, dass Interdisziplinarität interaktiv hergestellt werden muss. Das braucht viel Zeit, weil man ja den anderen das eigene Vorgehen erklären und das fremde Vorgehen verstehen lernen und sich dazu immer wieder treffen muss.

In unserer Arbeitsgruppe kam es einmal zu einer Diskussion um eine winzige Sequenz eines aufgenommenen Interviews, in der ein Jugendlicher die Interviewerin in ihrer Frage unterbrach. Die Interviewerin hatte in den Ausführungen des Jugendlichen zuvor ein wichtiges Detail des Unfallhergangs überhört und erfragte daraufhin das Detail. Der Jugendliche ließ die Interviewerin kaum zu Ende formulieren, entgegnete die Worte »nee nee« und fügte knapp das fehlende Detail des Unfallhergangs hinzu. Der Interviewerin war es unangenehm, dass sie offenbar so ein wichtiges Detail überhört hatte. Wir überlegten in unserem interdisziplinären Team, ob Scham in diesem Transkriptausschnitt eine Rolle spielen könnte: Ist es dem Jugendlichen peinlich, dass sich die Interviewerin »verhört« hat bzw. ihm nicht richtig zugehört wurde? Ist er selbst von Schamgefühlen betroffen über den Unfall bzw. den Tod seines Vaters? Durch diese interdisziplinär motivierten Fragen entstand eine Belebung und kreative Neugier, wie Scham in linguistischen Analysen beschrieben werden kann und auch, welche Rolle Schamgefühle bei Trauerprozessen spielen können.

Gespräche mit Menschen mit Verlusterfahrungen lösen Gefühle, Gedanken und Phantasien aus, die die Gespräche, aber auch ihre Analyse selbst beeinflussen. Das Bewusstwerden dieser Gefühle und Phantasien im interdisziplinären Gespräch führt zu kreativen Weiterentwicklungen der Gesprächsanalyse und damit zu einem vertieften Verständnis der kommunikativen Prozesse. So entstanden um eine kleine diskutierte Stelle im Transkript weitere Interpretationsmöglichkeiten, und das Fazit war aufseiten der Linguistik: »Gespräche sind ökonomisch. Es werden häufig fünf verschiedene Dinge mit einer Äußerung erledigt.« Erst durch den Austausch mit der Psychotherapeutin konnten Überlegungen hinsichtlich kommunikativer Signale von Scham getätigt werden: Da Scham in der Interaktion von den Sprechenden nicht angezeigt wird, ist sie allein mit gesprächsanalytischen Mitteln nicht zu erfassen. Der interdisziplinäre Austausch bewirkte ein Sichtbarmachen von Gesprächsmomenten, in denen Scham plötzlich auch auf sprachlicher Oberfläche etwas greifbarer wird. Durch diese längere Erörterung über das Wesen von Scham zwischen den Arbeitsgruppenteilnehmerinnen konnten zuletzt eigene Schamgefühle sowohl gesprächs- als auch projektbezogen offenbart werden, was zu einem entlastenden Gefühl in der forschenden Arbeitsgruppe führte. Ohne die »Offenbarung« dieses Interviewmoments durch das Transkript wären wir nicht zu diesen Einsichten gekommen.

Im folgenden Kapitel werden wir nun genauer beschreiben und erklären, wie in der linguistischen Gesprächsanalyse vorgegangen wird, wie die wissenschaftlichen Wortlautverschriftlichungen zu lesen sind und was wir an ihnen erkennen können.

1.4 Einführung in die linguistische Gesprächsanalyse

Mit der linguistischen Gesprächsanalyse wird erforscht, *wie* wir miteinander reden und *wie* wir sprachlich handeln. Im Bereich der klinischen Gesprächsanalyse besteht inzwischen auch eine jahrelange Erfahrung mit Gesprächen mit Kindern und Jugendlichen als Patienten (siehe z. B. Knerich u. Opp, 2021). Grundlage für diese Forschung sind Audio- oder Videoaufnahmen und die wortgetreuen Verschriftlichungen der so aufgezeichneten Äußerungen aller Beteiligten. So sind die hier verwendeten wörtlichen Texte der Jugendlichen sowie der Interviewerinnen entstanden. Ihre Auswertung ermöglicht Einblicke in die Perspektiven von halbverwaisten Jugendlichen und in die Gespräche selbst, was über eine inhaltliche Zusammenfassung hinausgeht.

Wie sehen diese Worlautverschriftlichungen aus? Welche Erkenntnisse können sie bringen? Dies soll nun anhand einiger kurzer Beispiele aus unseren Erzählinterviews mit Jugendlichen, deren Vater verstorben war, gezeigt werden. Die Beispiele werden hier vor allem in Bezug auf die Darstellungsform und die Erkenntnismöglichkeiten behandelt, später werden sie in Bezug auf inhaltliche Aspekte wieder aufgegriffen.

Gespräche im Wortlaut genau betrachten: Wozu brauchen wir Transkripte?

Bei der Auswertung der Gespräche werden Videoaufnahmen und Verschriftlichungen analysiert. Wir brauchen diese Verschriftlichungen, weil Gespräche flüchtig in der Zeit sind: Nach einem Gespräch erinnern wir uns an bestimmte Inhalte und gewisse Gefühle – aber auch im Zuhören geschulte Menschen sind verblüfft, was noch alles sichtbar wird, wenn man ihnen genaue Worlautverschriftlichungen ihrer Gespräche vorlegt.

Das Fachwort für eine derartige wissenschaftliche Verschriftlichung lautet »Transkript«. Transkripte werden in der Forschung und in Fortbildungen verwendet – überall, wo Gespräche wichtig sind oder der Umgang von Menschen miteinander erforscht wird: in der Sprachwissenschaft, Diskurspsychologie, Soziologie und Erziehungswissenschaft, in Weiterbildungen im medizinischen und pflegerischen Bereich, aber auch in Forschung und Fortbildung bei Anwaltskanzleien oder Callcentern.

Die gesprächsanalytischen Transkripte werden nach Konventionen angefertigt, die von einer großen Gruppe von Gesprächsforschenden 1998 standardisiert und 2009 überarbeitet wurden: das gesprächsanalytische Transkriptionssystem (GAT 2, Selting et al., 1998/2009). Trankskripte dienen stets der genauen Beobachtung, es geht hierbei nicht um eine Fehlersuche. Dies ist manchmal beim ersten Blick auf ein Transkript etwas schwierig, denn trotz der schriftlichen Form entspricht es nicht den Regeln für richtiges Schreiben. Im Gegenteil, es wird sehr genau festgehalten, was gesagt wird, wann geatmet oder pausiert wird, ob die Anwesenden gleichzeitig sprechen und vieles mehr.

Unter diesem »geisteswissenschaftlichen Mikroskop« wird das Zusammenspiel der Beteiligten deutlich, ihre Handlungen und ihre Handlungsfähigkeit im Gespräch werden ersichtlich und ihre eigenen Relevanzen und Sichtweisen können herausgearbeitet werden.

Wie genau solche Transkripte aussehen, stellen wir nun an Beispielen dar. Hier geht es zunächst um das Lesen der Transkripte, für inhaltliche Aspekte und Forschungsergebnisse greifen wir die Beispiele später wieder auf. Werfen wir also einen Blick auf ein Transkript eines ganz kurzen Moments am Gesprächsanfang. Wir erklären anhand dieses Ausschnitts die Bedeutung der Transkriptionszeichen und warum wir sie verwenden (eine Zusammenstellung aller Transkriptionszeichen am Ende des Buches zu finden):

```
016    I1:    (--) kannst jetzt EINfach
017    KJ3:   °hh
018    I1:    erzä:h[len.]
019    KJ3:          [<<f> v]on: WO soll ich_n> anfan-
                     gen;=
```

Auf den ersten Blick wirkt diese Darstellungsweise ungewohnt, zugleich wird offensichtlich, dass über den inhaltlichen Wortlaut hinaus sehr viel festgehalten wird:

- Die Zeilenzahlen ermöglichen es, bei der Analyse, der Ergebnispräsentation oder in einer Fortbildung genau auf bestimmte Stellen im Gespräch zu verweisen.
- Um genau sagen zu können, wer etwas macht und wie die andere Person darauf reagiert, halten wir die Beiträge aller Anwesenden fest und verwenden Kürzel für die Personen: I1 ist die ärztliche Psychotherapeutin, KJ3 ist der dritte Jugendliche, der im Projekt interviewt wurde. Im Text hat er das Pseudonym Timon.
- Um genau feststellen zu können, wie die Beteiligten sich abwechseln – und auch, wann eine Möglichkeit, das Wort zu ergreifen, gar nicht genutzt wird oder vorangekündigt wird –, verwenden wir u. a. Zeilenumbrüche: So können wir an Timons deutlich hörbarem Einatmen in Zeile 17 (»°hh«)

erkennen, dass er schon während der Erzählaufforderung der Therapeutin anzeigt, dass er bereit ist, das Wort zu ergreifen.

- Um das noch genauer nachvollziehen zu können, stehen Satzzeichen für die Bewegung der Stimme: Die Interviewerin I1 senkt die Stimme in Zeile 18 stark, dies nennen wir »tief fallende Intonation«. Zusätzlich zu der abgeschlossenen Aufforderung signalisiert sie mit dieser Bewegung der Stimme, dass sie das Rederecht an Timon abgibt. Die weiteren Satzzeichen verweisen auf die Tonhöhenveränderung am Äußerungsende: Fragezeichen hochsteigend, Komma steigend, Bindestrich gleichbleibend und Semikolon fallend. Damit können wir feststellen, dass Timon in unserem Beispiel zwar in Zeile 19 eine Rückfrage formuliert, seine Stimme dabei aber sinken lässt. Was ist hier los? Das Gleichheitszeichen ist ein Hinweis auf einen schnellen Anschluss, Timon signalisiert also, dass er noch weitersprechen möchte. Wenn wir ein paar Zeilen mehr betrachten, sehen wir, dass er dies auch tut und genauer ausformuliert:

```
020        =so von ganz VORne (.) mit den ganzen
           geSCHEHen und passiert
           und dann:-
021        (-) im laufe der zeit wie_s dann WEITER-
           lief?_oder,
022   I1:  (-) GERne.
023   KJ3: (-) okay also <<lachend> (fangen_wa ein-
           fach von:> ganz
           vorne mal an,=
024   I1:  =hm_hm,
```

- Erst nachdem er vage auf Ereignisse verwiesen hat, zeigt er mit seiner Intonation auch an, dass er eine Frage stellt (»WEITERlief?«, Z. 21). Wir sehen aber auch am mit dem Unterstrich markierten direkten Anschluss, dass er sich an der Interviewerin orientiert und es ihr überlässt, einen Alternativvorschlag zu machen (»_oder,«). Sie behandelt dann jedoch die Äußerungen des Jugendlichen als Vorschlag für das weitere Vorgehen, indem sie ihm in Zeile 22 mit einer wertschätzenden und bestätigenden Äußerung mit tief fallender Intonation das Rederecht zurückgibt (»GERne.«).

- Im ersten Teil unseres kurzen Beispiels sprechen die beiden Beteiligten einen kurzen Moment gleichzeitig, in Zeile 18 und 19, was durch eckige Klammern gekennzeichnet wird. Um herauszufinden, ob es sich bei einem gleichzeitigen Sprechen um eine Unterbrechung handelt, müssen mehr Hinweise einbezogen werden. In diesem Beispiel handelt es sich nicht um eine Unterbrechung, weil die Erzähleinladung von I1 beendet ist und Timon während der letzten Silbe einsetzt. Wir sehen darüber hinaus, dass Timon sich an dieser Stelle intensiv beteiligt: Er begibt sich, während sein Gegenüber noch am Sprechen ist, mit dem hörbaren Einatmen klar in die Position des nächsten Sprechers und übernimmt das Wort dann auch schnell. Aus Forschungsergebnissen wissen wir: Die meisten Sprecherwechsel im Deutschen finden weitestgehend ohne Pausen und ohne gleichzeitiges Sprechen statt (Gülich u. Mondada, 2008). Pausen und Überlappungen haben also eine Bedeutung – in unseren alltäglichen Gesprächen interpretieren wir sie intuitiv, in der Gesprächsanalyse arbeiten wir ihre Bedeutung explizit heraus.
- Es ist also auch wichtig, Pausen festzuhalten: Sie werden in runden Klammern notiert, kurze Pausen unter einer Sekunde Länge werden in drei Abstufungen geschätzt: (-), (--), (---), längere Pausen werden beim Transkribieren gemessen. Dies erklärt Zeile 16 des Beispiels: Die Interviewerin macht vor der Erzähleinladung eine kurze Pause von ca. 0,5–0,8 Sekunden, was die Erzähleinladung betont und von den vorherigen

Erklärungen zum Gespräch absetzt. Ein ganz kurzes Stocken wird als Punkt in runden Klammern vermerkt: (.).

• Wichtig für das genaue Verstehen und Interpretieren sind zudem Betonung, Lautstärke und Sprechgeschwindigkeit: In jeder Äußerung wird eine Silbe besonders betont, diese »Fokusakzentsilbe« wird durch Großbuchstaben ausgewiesen, die bei besonders starken Betonungen noch durch Ausrufezeichen gekennzeichnet werden. Wenn sich Lautstärke und Sprechgeschwindigkeit im Verhältnis zur Grundlautstärke und -geschwindigkeit der entsprechenden Person verändern, wird dies in spitzen Klammern in Anlehnung an musikalische Notation festgehalten: »<f>« steht für forte/laut, die zweite spitze Klammer für die Ausdehnung der lauten Passage. Wir können also feststellen, dass Timon in Zeile 19 laut einsetzt (»[<<f> v]on: WO soll ich_n> anfangen;«) und so sein Anliegen und seine intensive Beteiligung zusätzlich relevant setzt. Auch Kommentare zu weiteren Aspekten wie redebegleitendem Lachen werden in spitzen Klammern hinzugefügt: »(-) okay also <<lachend> (fangen_wa einfach von)> ganz vorne mal an,=«

Anhand dieser sehr kurzen Ausschnitte sollte ein erster Eindruck entstanden sein, was wir alles am Transkript sehen und was wir daraus schließen können. Wir können den Eindruck konkretisieren, dass die Interviewerin dem Jugendlichen Raum gibt, seine Erfahrungen zu schildern: Sie lädt offen zum Erzählen ein, lässt eine Rückfrage nicht nur zu, sondern behandelt sie wertschätzend als Vorschlag des Jugendlichen.

Wir haben auch gesehen, wie der Jugendliche sich intensiv beteiligt und dabei kooperativ verhält: Er nutzt Timing, Atmen, Lautstärke, schnelle Anschlüsse und Verschleifungen, um seine Rückfrage schnell anzubringen und relevant zu setzen. Darüber hinaus sehen wir auch, dass Timon daran interessiert ist, länger zu sprechen und seine Erlebnisse darzustellen: »mit dem ganzen geSCHEHen und im laufe der zeit wie_s dann WEITERlief« stehen umfassend für einen ganzen Lebensabschnitt, ohne inhaltlich vorauszugreifen.

Darüber hinaus können wir herausarbeiten, dass Timon an dieser Stelle noch keine emotionale Belastung erkennen lässt: Nachdem er sich intensiv an der Gesprächsorganisation beteiligt hat und sichergestellt hat, dass er länger erzählen darf, beginnt er lachend mit einer weiteren gesprächsstrukturierenden Bemerkung, einem metadiskursiven Kommentar: »(-) okay also <<lachend> (fangen_wa einfach von)> ganz vorne mal an,=«. Danach erzählt er ernsthaft vom Tod seines Vaters im Familienurlaub, den Timon miterlebt hat, und wie es für ihn, seine Mutter und Schwester dann weiterging.

Nicht zuletzt können wir zeigen, dass sich Timon als interessierter und aktiv beteiligter Gesprächspartner positioniert und dass er die Möglichkeit, länger zu erzählen, was ihm passiert ist, relevant setzt.

Erzählungen von Jugendlichen im Kontext existenzieller Erfahrungen

Im Alltag verstehen wir unter »Erzählen« entweder längeres Sprechen jeder Art oder das Erzählen einer Geschichte, besonders in Form des Erzählens selbst erlebter Ereignisse. Wenn dies auf eine bestimmte Art und Weise geschieht, spricht die Gesprächslinguistik von Erzählen (im engeren Sinn) oder, fachlich ausgedrückt, von narrativer Rekonstruktion (z. B. Gülich u. Mondada, 2008; Knerich u. Sacher, 2020).

In diesem Abschnitt wollen wir anhand von kurzen Ausschnitten aus unseren Transkripten einen ersten Einblick in die Aspekte dieser Formen des Erzählens geben und wie wir sie »unter dem geisteswissenschaftlichen Mikroskop« betrachten. Wir werfen einen Blick auf die Zeitlichkeit des Erzählens und zeitliche Aspekte der erzählten Geschichte. Auch die Art und Weise, wie die Jugendlichen ihre Perspektive und die Beziehung zu anderen Personen innerhalb der Geschichte darstellen, wird betrachtet. Weil wir stets die Interaktion berücksichtigen, können wir auch Schlüsse darüber ziehen, wie die Jugendlichen die Beziehung zur Interviewerin in der aktuellen Situation, der Erzählsituation, gestalten. Am Ende der Erläuterung des jeweiligen Aspekts fassen wir zusammen, was wir aus dieser genauen Betrachtung erfahren.

Die zeitliche Ausdehnung des Erzählten:
Episode, Überblick, Generalisierung

Am häufigsten wird ein Erlebnis als eine Einzelepisode erzählt, wie in diesem Beispiel:

```
009   I1:    (--) aber vielleicht können sie das noch
             MAL (.) tun,
010          mir erzählen=
011   KJ1:   =hm_hm;
012   I1:    (.) ähm (1.8) ja (.) wie sie das (---)
             wie sie das erlebt haben,=
013          =wie sie die zeit erlebt haben;
014   KJ1:   also es fing ja damit an äh:: dass wir
             den (---) dass wir
             halt den abend zusammensaßen_beim essen
             und auf ihn gewartet
             hatten,
015          und mama ihn angerufen hatte dr( dreimal
             auf_m handy,
016          (---) und papa ging nicht dran;=
[...]
021   KJ1:   und ich sagte noch vielleicht holt er
             sich noch nen
             SPASS (xxxx) (.)
```

```
              vielleicht  ist  er  noch  einkaufen  ein-
              fach;
022    I1:    [hm_hm,]
023    KJ1:   [_ja,]
024           (--)ähm (1.2) und wiederum (--) wi< wir
              wollten dann
              anfangen zu essen_es war kurz vor zehn
              und äh (2.0)
              ja (--) wir hatten alles eingedeckt,
025           <<all> auch für ihn natürlich;>
026           (.) und dann äh: (-) sah ich nur dieses
              AUto schon (.)
              vorfahren;
```

Hier beginnt der Jugendliche mit dem Pseudonym Temmo, der ärztlichen Psychotherapeutin ein ganz konkretes Ereignis aus seiner Perspektive zu erzählen. Dass es sich um eine einzelne Episode handelt, macht der Jugendliche mit zeitlichen Hinweisen deutlich: »es fing ja damit an, den abend, es war kurz vor zehn«. Seiner Perspektive nähert er sich an: Er schließt sich selbst in Zeile 14 zunächst in das »familiäre Wir« ein, erzählt aber bald seine eigenen Handlungen (»ich sagte«, Z. 21) und Wahrnehmungen (»sah ich«, Z. 26). Darüber hinaus fallen die reichhaltigen Details auf, mit denen er seiner Zuhörerin die Szene vor Augen führt und sie sich geradezu »über die Schulter schauen« lässt, als sei sie dabei gewesen. Diese Art, eine Episode ausführlich, affektiv und detailliert darzustellen, wird auch »szenisches Erzählen« genannt (vgl. Birkner, Auer, Bauer u. Kotthoff, 2020).

Neben dem episodischen Erzählen einzelner Begebenheiten, also was *damals einmal* geschah, können auch mehrere Erlebnisse der Vergangenheit zusammenfassend erzählt werden: Man erzählt, wie es *damals immer* war. Dieses sogenannte »iterative

Erzählen«[2] erkennt man also an Hinweisen auf sich wieder-
holende Ereignisse, wie *normalerweise, immer, wie üblich* in
Kombination mit Vergangenheitsmarkern. Im folgenden Beispiel
erzählt die Jugendliche mit dem Pseudonym Judith kurz, wie
der Kontakt mit ihrem Vater vor seinem Tod üblicherweise war:

```
059   KJ5:   er war/ (.) hat nicht mehr bei uns
             gewohnt,
060   I1:    (-) aha,
061   KJ5:   (--) äh:m (dann) er hat/ (-) <<all> er
             war jedes wochenende da;>=
062          =hat (jeden) einmal am tag ANgerufn,
063   I1:    (-) ja_a;
```

Judith macht deutlich, dass sie über die Vergangenheit spricht
(»hat nicht mehr … gewohnt«, »war«, »hat angerufen«) – es handelt sich aber nicht um ein einzelnes Erlebnis, sondern darum,
wie es damals immer war (jedes Wochenende, einmal am Tag).
Wenn jemand länger erzählt, kann er solche iterativen Passagen als Hintergrund für einzelne Episoden verwenden. Hier ist
es dann interessant, darauf zu achten, was als Episode in den
Vordergrund gestellt und was als »Schnittmenge« vergangener
Ereignisse präsentiert wird. Anstatt wie oben iterativ zu erzählen,
wie es jedes Wochenende war, könnte Judith auch ein gemeinsam
verbrachtes Wochenende und einen Telefonanruf ihres Vaters
als jeweils eine einzelne Episode erzählen.

Eine weitere Möglichkeit, Hintergrundinformationen zu
geben oder die Vergangenheit darzustellen, ist zu verallgemei-
nern, also darzustellen, wie es *immer ist.* Im folgenden Beispiel

---

2 Wenn jemand erzählt, wie es damals *immer* war, bezeichnen wir dies
   gesprächsanalytisch als iterative Erzählung – im Unterschied zur episodischen Erzählung eines ganz bestimmten vergangenen Ereignisses.

stellt Judith allgemein dar, wie ihre Mutter mit ihrer Ausbildung umgeht:

```
159   KJ5:  mach jetzt den BERUFSAUSBILDUNG_KJ5_1
             aber immer relativ
             mit HILfe der mutter;
160   I1:   (0.4) [ah:ja;]
161   KJ5:        [naja sie] versucht immer einen zu
             STÄRken-=
162          =<<dim> versucht ei_m DA zu helfen;>
163          °hh [<<all> aber (versucht] dann aber
             auch)>
164   I1:       [hm_hm;                   ]
165   KJ5:  zu !VIEL! zu machen.
166   I1:   ah_ja:;
```

Indem sie zweimal »immer« sagt, in Zeile 159 und 161, macht Judith deutlich, dass es sich um ein wiederholtes oder häufiges Verhalten der Mutter handelt. Sie verortet dies durch die Verwendung des Präsens in der Gegenwart und stellt es so als allgemeines Problem dar (»immer relativ mit HILfe«, »versucht immer«, »versucht ... zu helfen«, »versucht ... zu viel zu machen«). Diese Darstellung ist aufgrund der Gegenwartsformen deutlich stärker verallgemeinert als die iterative Erzählung, mit der noch konkreter auf eine begrenzte Anzahl bestimmter Ereignisse in der Vergangenheit verwiesen wird.

Was können wir sehen, wenn wir so genau auf die Zeitlichkeit schauen? In einem ersten Überblick können wir festhalten, dass wir sehen, wie viel Nähe bzw. Distanz die Jugendlichen zu den Ereignissen aufbauen, die sie schildern: Wenn sie episodisch erzählen, versetzen sie sich – teilweise sogar ganz und gar – in die damalige Zeit und beziehen die Zuhörerin mit in ihre Welt ein, in ihre eigenen Bewertungen, Relevanzen und Gefühle. Die

Zuhörerin darf quasi mit dabei sein. Dagegen bauen sie mit einer Zusammenfassung vergangener Ereignisse eine größere Distanz zu diesen auf – zudem geben sie den Hörenden nicht so viele Einzelheiten über die Situation und die Affekte der Beteiligten. Eine Generalisierung ist am weitesten von der Situation entfernt, sie kann sehr distanzierend wirken, aber auch – wie oben – durchaus Affekte transportieren, dies jedoch in einer allgemeinen Weise, im Beispiel als Ablehnung der Einmischung der Mutter in Judiths Ausbildung. Die Zuhörerin bekommt in diesem Fall jedoch das Ergebnis oder eine Charakterisierung präsentiert, die jugendliche Erzählerin zeigt ihr keine Szene oder Szenen, wie genau ihre Bewertung des Verhaltens ihrer Mutter zustande gekommen ist.

Die eigene Perspektive: Das Erzählte kommentieren

Wenn wir die Formulierung der eigenen Perspektive im episodischen Erzählen noch genauer betrachten, kann ergänzt werden, dass Erzählerinnen und Erzähler sich komplett in den Ablauf der Ereignisse hineinversetzen können oder zusätzlich in eigenen kurzen Passagen aus der Perspektive des aktuellen Wissens oder der aktuellen Bewertung sprechen können, also eine bewertende oder kommentierende »Vogelperspektive« einnehmen. Ihre Darstellung befindet sich entweder ganz und gar in der erzählten Zeit, also im Damals, wie bei Timon, oder wechselt zwischendurch in die Erzählzeit, also in das Hier und Jetzt, wie im folgenden Beispiel von Temmo.

Am Beginn des Ausschnitts erzählt Temmo szenisch mit Rede und Gegenrede, wie er im Obergeschoss mit seinen kleinen Geschwistern warten musste, während die Polizei mit seiner Mutter sprach. Er hatte die Vorahnung, dass dem Vater etwas Schlimmes passiert sei und dass er nicht wiederkomme. Er versetzt sich und seine Zuhörerin in die eine Szene, indem er Details erzählt: seinen misslingenden Versuch, sich mit Musik abzulen-

ken, seinen emotionalen Zustand anhand seines Weinens und
von der Angst, die er seinen Geschwistern ansieht (Z. 67–75).
Seinen Versuch, den jüngeren Geschwistern seine Vorahnung
mitzuteilen, stellt er ebenfalls in der erzählten Zeit (damals) sze-
nisch-detailliert mit Redewiedergabe dar: »versucht denen zu
sagen«, »sagten«, »ich hab gesagt«, mit jeweils darauffolgender
wörtlicher Rede (Z. 76–88).

```
067   KJ1:   und (0.3) ich hab versucht mich abzulen-
             ken mit MUsik,
068          _einfach;=
069          =und es hat [au_nicht] geholfen;
070   I1:                [hm_hm,]
071   KJ1:   ich musste WEINnen_einfach,
072          °hhh und äh meinen beiden geschwistern
             war die ANGST doch
             auch ins gesicht geschrieben;=
073          =so richtig;=
074          =weil sie eben nicht WUSSten was pas-
             siert,=
075   I1:    [=hm_hm;]
076   KJ1:   [=und ich] (0.5) hatte eben versucht
             denen zu SAgen,=
077          =jetzt ihr müsst euch w_wahrscheinlich
             drauf einstellen dass
             papa (heut/halt) nicht WIEderkommt;=
078          =und die wollten das [natürlich] nich
             HÖRN,
079   I1:                         [<<p> hm_hm;>]
080   KJ1:   (0.25) und fingen dann auch langsam an zu
             WEInen,
081          und sagten (ja) jetzt hald doch mal den
             MUnd,=
```

```
082            =<<p> und so-=>
083            =das wollen_wa auch nich_hörr,
084    I1:     hm_hm;
085    KJ1:    ich hab gesagt aber ihr müsst jetzt mal
               reaLIStisch sein;=
086            =es könnte wie gesagt SEIN,=
087            =und
088    I1:     hm_hm;
```

In Zeile 89 wechselt Temmo dann ins Hier und Jetzt:

```
089    KJ1:    äh (0.7) de_dieses LIED das ich dabei
               hörte kann ich jetzt
               heutzutage manchmal immer noch nicht
               hören,=
090            =geb ich zu;
091    I1:     hm_hm;
092    KJ1:    <<stakkato> äh das war von auch einem
               MUsiker> den papa mir
               gezeigt hatte,
093    I1:     [hm_hm,]
094    KJ1:    [also so mein] VAter hat (mir) viel von
               musik erfahren;=
095            =und sie hat uns auch sehr verBUNden_die
               musik,
096    I1:     hm_hm;
097    KJ1:    (.)
098    I1:     ah_ja,
099    KJ1:    ne,
100    I1:     hm_hm;
101            (0.5)
102    KJ1:    und wie gesagt äh ((zischt)) ich ge
               <<acc> ich WEISS noch
```

```
         welches lied ich gehört hab,=>
103      =ich hab_s auch immer noch im OHR wenn
         ich daran denke,
```

In Zeile 89 verallgemeinert Temmo und führt seiner Zuhörerin damit auch die noch andauernde Belastung vor Augen. Diese Relevanz stuft er noch hoch, indem er kurz iterativ erzählt, um seinem Gegenüber Hintergrundinformationen zu geben, dass Musik eine wichtige Verbindung zu seinem Vater darstellte. Dafür fordert er weitere Zuhörrückmeldungen ein: Die Zuhörerin gibt in Zeile 96 zunächst ein einfaches Rezeptionssignal (»hm_hm«), Temmo spricht jedoch nicht weiter, es entsteht eine Mikropause (Z. 97). Die Psychotherapeutin bestätigt daraufhin die Relevanz der Verbindung zum Vater über die Musik nun deutlicher mit »ah ja« (Z. 98), einem sogenannten Erkenntnisprozessmarker (Imo, 2009), mit dem in der Zuhörposition angezeigt wird, dass etwas Neues zur Kenntnis genommen wurde. Daraufhin produziert Temmo in Zeile 99 ein Sprechersignal mit steigender Intonation (»ne,«), das dazu dient, eine weitere Reaktion der Hörerin zu erhalten. Sie bleibt in der Zuhörposition, indem sie wieder ein einfaches Bestätigungssignal äußert und in der nun entstehenden halbsekündigen Pause nicht das Wort ergreift. Darauf betont Temmo, dass er sich genau an das Lied erinnern kann und es immer noch »im OHR« hat, wenn er daran denkt.

Wir sehen bei dieser genauen Betrachtung, dass Temmo nicht ausschließlich in der einen Szene der Vergangenheit, der erzählten Zeit, bleibt, sondern Hintergrundinformationen gibt, die über die Szene hinausreichen, dann in die Erzählzeit wechselt. Damit macht er seiner Zuhörerin deutlich, dass und wie die Vergangenheit in die Gegenwart hineinwirkt. Deutlich wird hier auch, dass er sich auf seine Zuhörerin einstellt und sicherstellt, dass sie ihm in der Erzählzeit, der aktuellen Situation, folgen kann, folgt und nachempfindet, wie es ihm ging (siehe auch unten: »Die aktuelle Situation: Verhältnis zur Zuhörerin«).

Die eigene Perspektive: Erzählen oder Berichten

Anhand der Transkriptausschnitte zu Beginn des Abschnitts »Erzählungen von Jugendlichen im Kontext existenzieller Erfahrungen« haben wir bereits einige sprachlich-kommunikative Mittel des szenischen Erzählens erwähnt: die wörtliche Redewiedergabe (z. B. »ich hab gesagt aber ihr müsst jetzt mal reaLIStisch sein;«) und verschiedene Mittel, um die eigenen Gefühle und die Gefühle anderer zu vermitteln, wie das Benennen emotionaler Reaktionen oder Wahrnehmungen (z. B. »ich musste WEINnen_einfach, und äh meinen beiden Geschwistern war die ANGST doch auch ins gesicht geschrieben;=«). Auch mit Gedankenwiedergabe kann dem Gegenüber die eigene Perspektive vermittelt werden:

```
678   KJ4:   =und ich DACHte erst so-
679          oh GOTT;=
680          =ist der kollegin von mama was passiert?
681   I1:    HM_hm.
```

In diesem Ausschnitt findet sich ein weiteres Mittel, um sowohl den eigenen emotionalen Zustand darzustellen als auch die Zuhörerin in die eigene Perspektive auf die Szene einzubeziehen: der emphatische Ausruf »oh Gott« innerhalb der Gedankenwiedergabe.

Es gibt noch weitere sprachlich-kommunikative Mittel, mit denen eine Erzählung szenisch gestaltet werden kann, die wir hier nur kurz nennen: Auf der Ebene der Stimme nutzen Erzählende eine emphatische Stimmlage, aber auch Lautstärken- und Tonhöhenunterschiede, auf der syntaktischen Ebene die Länge und Vollständigkeit der Äußerungseinheiten, beispielsweise können Handlungen oder Sinneseindrücke mit kurzen und knappen Sätzen als verdichtet dargestellt werden (Günthner, 2005). In Bezug auf die Zeitlichkeit ist der zentrale Aspekt, dass die Erzählung der Chronologie der Ereignisse folgt, zudem sind Ausdrücke wie »plötzlich« geradezu ein Merkmal des Erzählens, ein anderes Mittel ist das sogenannte »szenische Präsens«, hier wird mit einem Wechsel von Vergangenheitsformen zum Präsens der Höhepunkt der Geschichte ganz nah herangeholt (siehe zusammenfassend z. B. Knerich u. Sacher, 2020).

Das Berichten dagegen ist eine »nüchterne« Darstellungsform, ohne die genannten Darstellungsmittel, mit denen die Erzählenden den Zuhörenden die eigene Perspektive deutlich machen.

```
37    KJ4:    (1.03) papa wohnte dort STRASSE_NAME_1
              und
              [dann]
38    I1:     [hm_hm;]
39    KJ4:    in der STRASSE_NAME_2 über (die) kreu-
              zung gegangen,
40    I1:     hm_HM-
41    KJ4:    über GRÜN und von der anderen seite kam
              n es ju wi, (.)
42    KJ4:    [um die] ecke;
43    I1:     [<<pp> oh;>]
```

An diesem Ausschnitt aus einem längeren Bericht am Anfang des Gesprächs mit Mirko ist beobachtbar, dass er Fakten berichtet, anstatt aus seiner eigenen Perspektive zu erzählen. Dass es sich dabei um eine Wahl der Darstellungsweise handelt, wird im Vergleich mit anderen Gesprächen besonders deutlich (Knerich u. Haagen, 2021). Eben diese Sequenz wird in Kapitel 2.3 im Hinblick auf die zuhörende Rolle der Interviewerin nochmal genauer betrachtet.

Welche Bedeutung haben nun diese Unterschiede bezüglich der eigenen Perspektive? Zum einen können wir erkennen, inwieweit die eigene Perspektive – in diesem Moment und in der entsprechenden aktuellen Situation – relevant gesetzt wird. Das heißt, wir sehen, wie sehr die Erzählenden die Zuhörerschaft in ihre Welt, ihre Gefühle und ihre Wahrnehmungen einbeziehen (siehe auch Stukenbrock, 2013, 2015, zur Distanzierung und Aktualisierung beim Erzählen). Zum anderen wird die Darstellungsweise interdisziplinär auch in Bezug zur Frage nach dem Verarbeiten belastender Lebensereignisse gesetzt (siehe Kapitel 1.3).

Die aktuelle Situation: Verhältnis zur Zuhörerin

Wie beschrieben, hat die Darstellungsweise – vom nüchternen Berichten bis zum ausgeprägten szenischen Erzählen – eine Auswirkung darauf, wie sehr die Erzählenden die Zuhörenden involvieren. Neben den bereits genannten Mitteln, mit denen beim Erzählen die eigene Perspektive deutlich gemacht wird, wird auch an Kommentaren, Erklärungen und dem Geben von Hintergrundinformationen die Orientierung an der Hörerin oder dem Hörer erkennbar. Dies kann im Modus des Erzählens erfolgen wie zu Beginn des folgenden Beispiels, in dem die Beschreibung von Zeit und Ort sich auf die Umstände des konkreten Todesfalls bezieht (mitten in der Nacht, in den Bergen):

```
45    KJ3:  °hh [<<all> so es war mitten] in der
            nacht in:/>
46    I1:        [<<pp> oh gott.>]
47    KJ3:  (.) das war in den BERgen.=
48          =URLAUBSORT_3 da hat man GAR nichts,=
            =da: (-) kann man ne stunde aufn (.)
            empfang vom handy
            warten;
048   I1:   !O!ha.
```

Timon ergänzt dies durch eine allgemeinere Beschreibung der Umstände im Präsens, die der Zuhörerin die dramatischen und ausweglosen Umstände noch einmal deutlicher macht (»da hat man GAR nichts,==da: (-) kann man ne stunde aufn (.) empfang vom handy warten;«). Die Zuhörerin reagiert auch entsprechend darauf, sie nimmt nicht nur die Informationen zur Kenntnis, die ihr neu, dem Jugendlichen aber bekannt sind, sondert macht mit emphatischen Rückmeldesignalen auch deutlich, dass sie die Dramatik versteht (»oh gott«, »!O!ha«).

In diesem Beispiel ergänzt Temmo seine Erzählung um eine allgemeine Information für die Zuhörerin, sie war oben nicht mit abgebildet:

```
016   KJ1:   (---)und papa ging nicht dran;=
017          =und das ist eigentlich schon für ihn
             unnormal gewesen,
018   I1:    hm_hm,
019   KJ1:   weil papa (.) ruft beim ersten mal
             eigentlich schon zurück;=
             =er fährt zwar auto dann aber er ruft
             dann auch zurück,
020   I1:    hm_hm,
```

Mit der Information über das übliche Verhalten seines Vaters macht Temmo der Zuhörerin deutlich, warum es ungewöhnlich ist, dass sein Vater sich nicht meldete. Interessant ist hier zum einen, dass er sich auf seine Zuhörerin einstellt und ihr mit diesen Details der Szene, die er konstruiert, deutlich macht, dass es sich um eine ungewöhnliche, fast schon unheimliche Situation handelt. Zum anderen ist interessant, dass er hier von seinem Vater in der Gegenwartsform spricht. Das hat u. a. die Funktion, dies ganz klar als allgemeine Regel zu präsentieren. Weitere Funktionen werden im Kapitel 1.3, »Erzählen und Bewältigen«, diskutiert.

Die gesprächslinguistische Perspektive bezieht sich also nicht vorwiegend auf den Inhalt der Geschichte, sondern beschreibt ganz genau, wie erzählt wird. Wir sehen dabei, wie Erlebnisse und auch Beziehungen in der erzählten Zeit der Geschichte rekonstruiert werden. Dies geschieht im Hier und Jetzt der aktuellen Erzählsituation: Die Vergangenheit existiert nicht unabhängig, sondern wird für die Zuhörerin rekonstruiert. Damit wird beim Erzählen zum einen das Erlebte für die Zuhörenden neu gestaltet und zum anderen zugleich auch die Beziehung zu ihnen. Die gesprächsanalytische Herangehensweise wird genutzt, um mehr über den Zusammenhang zwischen Erzählen und Bewältigen bzw. das Sprechen über traumatische Erfahrungen allgemein herauszufinden (siehe Kapitel 1.3); in der Zusammenarbeit mit der Medizin können dabei Ergebnisse erzielt werden, die bei der Diagnostik bestimmter Erkrankungen helfen oder Arzt-Patient-Gespräche verbessern (Gülich, 2017).

Wenn wir in unserem Projekt auf diese Weise berücksichtigen, wie sich die Jugendlichen auf ihre Zuhörerin ausrichten, bekommen wir einen gewissen Einblick in ihre aktuellen Möglichkeiten, ihre Erfahrungen und Erlebnisse in der aktuellen Situation für ein Gegenüber zu strukturieren und gefühlsmäßig zugänglich zu machen. Ergebnisse zum Gesprächseinstieg, zum Zuhören und Reagieren und zum Erzählen stellen wir im nächsten Kapitel genauer vor.

2 Forschungspraxis: Ausgewählte Ergebnisse

2.1 Vorstellung der interviewten Jugendlichen

Wir haben fünf Jugendliche interviewt, die sich freiwillig gemeldet haben. Über Flyer und persönliche Kontakte zu Trauerzentren für Kinder und Jugendliche haben sie von unserem Projekt gehört. Zunächst war eine größere Studie geplant. Die vorliegenden Ergebnisse stammen aus dem Pilotprojekt.

Wir haben den Jugendlichen Namen gegeben und biographische und persönliche Daten durch kleine Veränderungen und Vertauschungen maskiert. Wir möchten so die Jugendlichen schützen. Daher können wir nicht, wie in anderen Publikationen üblich, Fallgeschichten vorstellen. Auch haben wir in diesem Pilotprojekt nur die soziodemographischen Daten erfasst, die die Jugendlichen von sich aus mitgeteilt haben.

Wir stellen nur relativ kurze Passagen aus den Gesprächen in wörtlicher Rede als Transkriptausschnitte vor. Es geht uns darum, anhand interaktiver Elemente des Gesprächs zu zeigen, wie Themen unterschiedlich, aber dennoch immer gemeinsam im Interaktionsteam bearbeitet werden.

Bei den interviewten Jugendlichen handelt es sich um zwei junge Frauen, zwei Jungen und einen jungen Mann. Alle haben ihren Vater verloren. Der Tod des Vaters lag zum Zeitpunkt des Interviews zwischen elf Monaten und vier Jahren zurück. Alle Väter waren im öffentlichen Raum und plötzlich gestorben: bei einem Unfall, nach einem Unfall im Krankenhaus, in der Reha, am Urlaubsort und im Auto. Zwei der Väter hatten bekannte chronische Krankheiten, aber mit dem Sterben war nicht gerechnet worden.

Alle Jugendlichen betonten im Gespräch, dass sie sehr gern über ihren Vater sprechen wollten, und gaben dafür unterschiedliche Gründe an.

Judith (17 Jahre) sagt, sie würde gern üben, mit fremden Erwachsenen über den Vater und sein Sterben zu sprechen, und hat offenbar mit ihrer Psychotherapeutin auch über das Interview gesprochen. In der Trauergruppe, die sie besucht hat, sei es ihr zu unkonkret geblieben. Die genaueren Todesumstände (auch von den verstorbenen Angehörigen der anderen Gruppenteilnehmenden) seien nicht im Einzelnen besprochen worden. Ihr Vater hat sich während einer Reha erhängt. Durch diese Unausgesprochenheit hatte Judith das Gefühl, die anderen gar nicht »zu kennen«. Sie hätte gern gewusst, ob bei anderen auch so etwas »Schlimmes« passiert sei. Sie meint, dass die Gruppenleiterin der Trauergruppe etwas aktiver dafür sorgen solle, dass alle Teilnehmenden die Todesursachen ihrer Angehörigen beschreiben. Es entsteht der Eindruck, dass sie mithilfe des Interviewgesprächs auch in Erfahrung bringen will, was sie selbst alles über die Todesumstände ihres Vaters nicht weiß. Es fällt auf, wie schwer Judith es hat, zu erzählen, und die Interviewerin kann sich vorstellen, dass sie sich in der Trauergruppe nicht öffnen konnte. Sie äußert ihre Angst, durch die Krankheit und den Tod des Vaters selbst psychisch krank zu werden, »dass man total psychisch abgeht«, sagt sie. Sie war gerade dem Vater nähergekommen und hatte die Hoffnung gehabt, dass es besser werden könnte mit dem Reden mit ihm, das aber immer schwierig gewesen sei. Sie betont, dass sie gern offen erzählen würde, und zwar jemandem, »der sich wirklich interessiert und damit umgehen kann«.

Zu den Veränderungen seit dem Tod des Vaters sagt Judith, dass sie seither versuche, offener zu sein und eher Hilfe anzunehmen. Das Schicksal ihres Vaters komme ihr wie ein negatives Vorbild vor. Sie betont auch, dass Erwachsene nicht immer gleich an Depressionen denken sollten, wenn sie hören, dass ihr Vater gestorben sei. »Die Arme sein, das will man nicht.« Obwohl der Tod des Vaters erst 18 Monate zurückliegt, sagt sie, es habe »Jahre gedauert zu realisieren, dass er tot ist«.

Tanja (18 Jahre) will über den Vater sprechen, um sich zu erinnern. Bei ihr ist der Verlust schon länger her als bei den anderen Jugendlichen. Sie hat an einer Trauergruppe teilgenommen und eine Psychotherapie gemacht, in der es um viele Alltagsprobleme ging, die sie hatte. Der Tod des Vaters liegt viereinhalb Jahre zurück. Insbesondere an den Besuch am Sterbebett des Vaters, auf den sie sich gänzlich unvorbereitet fühlte, obwohl die Mutter ihr etwas Vorbereitendes gesagt hatte, erinnert sie sich: »Ich bin einfach sprachlos mit ihr gegangen.« Es hat immer noch ein Gefühl von Unbegreiflichkeit hinterlassen. »Wörter konnte ich nicht erzählen«, so beschreibt sie die Situation. Sie betont, dass sie positive Veränderungen durch den Tod an sich selbst erlebt habe, indem sie nicht so »oberflächlich geblieben« und »bodenständiger und robuster« sei. Auch beschreibt sie Schwierigkeiten mit ihrer Mutter. Es komme ihr so vor, als verstünde ihre Mutter nicht, warum sie so trauere, wer von beiden mehr »Recht« zu trauern habe, und sie äußert sich unzufrieden darüber, dass sie so spät über die Krankheit des Vaters informiert worden sei. »Ich hätte es die ganze Zeit wissen können!«

Darin kommt zum Ausdruck, wie unterschiedlich Partnerverlust und Elternverlust wahrgenommen werden können. Wenn Eltern durch den Partnerverlust selbst aus der Bahn geworfen sind, können sie sich mitunter schwer in ihre trauernden Kinder einfühlen. Wie unsere anderen Jugendlichen auch beschäftigt sich Tanja damit, was sie noch vor ihrem Vater hätte haben können, wenn er nicht so früh gestorben wäre: »Also, ich denk, wenn man in der Pubertät ist, steigt man irgendwann auf den Vater um«, und meint damit den Vater als Ansprechpartner für wichtige Dinge. Das Interview mit Tanja zeichnet sich dadurch aus, dass die Interviewerin sie bei der narrativen Rekonstruktion besonders unterstützt, was Tanja indirekt signalisiert hatte, denn sie wollte »sich erinnern«.

Mirko (14 Jahre), dessen Vater bei einem Verkehrsunfall elf Monate vor dem Interview starb, hat sich sehr auf das Gespräch gefreut. Er wirkt sehr bemüht und lobt die Interviewerin, dass sie ihn verstehe. Auch er betont, dass er gern noch mehr mit seinem Vater geredet hätte, dass sie noch so viel zusammen vorgehabt hätten. Es wäre gut gewesen, wenn der Vater ihn auf seinen Tod hätte vorbereiten können, was er aber sofort im Gespräch zurücknimmt. Es sei gut, dass er nicht mehr leiden müsse und nicht denken musste: »O Gott, mein Kind!« Mirko ist sehr mit Angst um seine Mutter beschäftigt und sagt: »Es zerfrisst einem sozusagen schon im Kopf.« Immer wieder mache er sich Sorgen um seine Mutter und habe Angst, »dass das Hirn davon zu voll wird«. Er betont, dass es wichtig sei, dass auch Erwachsene einem helfen, immer wieder Ablenkung zu haben. Es sei »totaler Quatsch«, wenn man nach dem Tod *immer* traurig sein müsse. Er findet, man solle dafür nicht »komisch« gefunden werden, wenn man trotzdem auch lachen könne. Niemand solle einem das Lachen verbieten! Er beschreibt auf die Frage nach Veränderungen seit dem Tod, dass er nichts verändern möchte, dass sein Vater ihn ja so lieb gehabt habe und er deswegen auch so bleiben möchte. An andere Stelle hatte er aber erwähnt, dass er durch den Verlust gemerkt habe, wie schnell das Leben vorbei sein kann, und dass er deswegen jetzt mit Malunterricht angefangen hat, was er schon längere Zeit vorgehabt habe.

Timon (15 Jahre) hat ungeduldig auf das Interview gewartet und schon nachgefragt, wann es stattfinden würde. Er wirkt älter und ist im Kontakt sehr gefasst und ernsthaft. Von dem plötzlichen Tod des Vaters erzählt er sehr plastisch und unmittelbar, sodass die Interviewerin davon emotional in ähnlicher Weise schockiert ist, wie es der Junge erlebt haben mag. Die Interviewerin hat nach einer Stunde das Gefühl, nicht mehr zu können, sehr angestrengt zu sein, während Timon immer noch weitersprechen könnte. Er beschreibt traumatisches Erleben sehr plastisch, insbesondere Flashbacks und die anfangs verzweifelte Suche nach einem Kinder- und Jugendpsychiater oder einer Psychotherapeutin, die nicht zu finden waren. Inzwischen war er in einer Trauergruppe sehr gut angekommen und seine Symptome hatten sich verbessert. Er beschreibt, wie hilfreich Freunde seien und dass er jetzt wahre Freunde von falschen Freunden unterscheiden könne. Wahre Freunde würden einen ablenken, aber man könne auch mit ihnen reden. In Bezug auf Veränderungen seit dem Tod des Vaters benutzt er viele interessante Metaphern: Er meint, seit dem Tod seines Vaters sei er jetzt auch viel besser in der Schule, bei ihm sei»ein kleiner Schalter« umgelegt.

Temmo (17 Jahre) spricht sehr gewählt und reflektiert über die Ereignisse um den plötzlichen Tod seines Vaters. Auch er betont, wie gerade erst eine neue, nähere Beziehung zum Vater entstanden sei und dass er ihn vermisse insbesondere für Gespräche über Mädchen und die eigene Entwicklung. Er verwendet interessante Metaphern zum Zeiterleben. So sagt er, er habe sich »zwei Mal um 360 Grad gedreht gefühlt«. Er betont, er sei durch den Verlust sein »eigener Herr« geworden, was er auch als Fortschritt empfindet. Auch bei ihm wird die Angst um die Mutter deutlich, aber eher indirekt. Er möchte sie nicht mehr so stark brauchen. Er äußert sich stellenweise philosophisch über den Sinn des Lebens und fragt sich, ob es noch Sinn habe, sich in der Schule anzustrengen, oder nicht. Auch erwähnt er Freunde und das »Sich-anders-Fühlen«, wenn man so eine Lebenserfahrung gemacht habe. Er könne mit Gleichaltrigen nicht so gut sprechen, eher mit Älteren. Er habe jetzt eine Lebenserfahrung eher wie ein Vierzigjähriger. Er fühle sich, als sei er in ein neues Leben getreten seit dem Tod des Vaters und dass er das Lebensgefühl von davor gar nicht mehr so kenne.

Im folgenden Kapitel stellen wir die Analysen der Gesprächseinstiege. Obwohl unsere Interviews eigentlich immer auf ähnliche Weise beginnen sollten, zeigt sich doch bei der Feinanalyse, wie sich beide Gesprächspartner in unterschiedlicher Weise aufeinander einstellen.

2.2 Der Gesprächseinstieg

Am Gesprächsbeginn ist die Interviewerin zwar zuständig für die Gesprächsorganisation und den Ablauf, die Jugendlichen sind aber auch hier beteiligt. So wirken die fünf Gesprächsanfänge in unseren Forschungsinterviews auf den ersten Blick ähnlich, bei der genaueren gesprächsanalytischen Auswertung finden sich jedoch Unterschiede. Wie diese aussehen und was zu einem gelungenen Gesprächseinstieg beiträgt, wollen wir im Folgenden darstellen.

Die Besonderheit der Forschungsinterviews ist die Aufnahmesituation. Ob sich Beobachtungen dazu auf den Gesprächseinstieg in anderen Kontexten übertragen lassen, ist zwar situationsabhängig, aber durchaus denkbar: Beispielsweise finden in der psychotherapeutischen Ausbildung oftmals auch Videoaufzeichnungen statt. Auch in der Trauerbegleitung kann etwa das Platznehmen und das Bereitstellen von Materialien zum Zeichnen am Anfang von Zweiergesprächen vergleichbar mit unseren Gesprächseinstiegen sein.

In unseren Gesprächen ist die erste Begegnung nicht aufgezeichnet worden, weil die Videoaufzeichnung zu diesem Zeitpunkt noch nicht lief. Die Interviews beginnen mit einer Vorbereitungsphase, dann folgt eine Eröffnungsphase und eine
Übergangsphase, in der zum thematisch ausgerichteten Gespräch,
der Kernphase, übergeleitet wird. Vorbereitend startet die Interviewerin die Videoaufnahme und justiert – wenn nötig – die
Kamera- und Sitzposition. In der Eröffnungsphase spricht sie
Dank, Wertschätzung und Freude aus, einige der Jugendlichen
danken ebenfalls oder bestätigen auf andere Weise verbal, andere
nicken oder schauen ihr Gegenüber aufmerksam an, ohne sich
sprachlich-inhaltlich zu beteiligen. In der Übergangsphase zum
thematisch ausgerichteten Gespräch werden die anstehenden
Themen und Handlungsaufgaben, beispielsweise der Gesprächs-
ablauf und Gesprächsaktivitäten wie Erzählen, ausgehandelt. Die
Interviewerin initiiert dies, einige der Jugendlichen stellen hier
auch Rückfragen. Am Beginn der Kernphase übernehmen die
Jugendlichen das Wort mit einer ersten Erzählung, einem Bericht
oder kürzeren Antworten mit Erzählfragmenten. Die Interviewerin positioniert sich nun als Zuhörerin und gibt entweder nur
Rezeptionssignale (siehe Kapitel 2.3) oder sie unterstützt, fragt
nach und macht manchmal sogar Formulierungsvorschläge.

Eine Beziehung aufbauen in der Vorbereitungsphase
Wir wollen nun zunächst zwei Beispiele auswerten, in denen
die Psychotherapeutin ganz unterschiedlich mit der Kamera
umgeht. Am Anfang des Gesprächs mit Timon begleitet sie
ihre Handlung des Einschaltens sprachlich mit »okay« und mit
einem leisen Lachen (Z. 2):

```
01           ((Schaltgeräusche))
02    I1:    okay. (0.86) °hh ((lacht, blickt KJ3 an))
03    KJ3:   ((lacht tonlos, blickt I1 an))
```

```
04            ((Schritte))
05    I1:     <<f> JA> (0.73) also (0.7) °h nochmal
              vielen DANK,
06    KJ3:    ((nickt minimal)) (0.3)
07    I1:     wir kennen uns ja jetzt noch (-) GAR
              nich,
08    KJ3:    [<<p>(hm_hm/genau)>.]
09    I1:     [bis auf jetzt    ] eben das kurze
              unterSCHREIben,
10            °hh
11    KJ3:    <<p> ja.>
```

Timon lacht zwar sichtbar, aber nicht hörbar mit (Z. 3). Die beiden schauen sich dabei an, bevor die Interviewerin zu ihrem Sitzplatz geht. Indem sie lacht, signalisiert die Interviewerin Nähe – Timon geht auch darauf ein. Gleichzeitig »entschärft« sie mit dem Lachen die Aufnahmesituation und stellt über das Lachen und den Blickkontakt einen direkten Bezug zwischen sich und dem Jugendlichen her. Die beiden Beteiligten richten sich so aufeinander aus, die Kamera wird dadurch unwichtig(er) (Knerich, Haagen u. Kohl, in Vorb.).

Am Anfang des Gesprächs mit Judith kommentiert die Psychotherapeutin beim Justieren der Kamera verbal, welcher Ausschnitt aufgezeichnet wird:

```
01            ((Schaltgeräusche))
02    I1:     (2.93) SO;
03            jetzt sind wir BEIde (--)
04    KJ5:    <<smile voice> hm.>
05    I1:     (0.53) <<Schritte> beide zu sehn?>
06    KJ5:    <<pp> ja;>
07    I1:     ((Schritte)) °h (-) und auch zu hö:rn-=
08            =das hatt_ich schon mal AUSpro[biert;]
```

```
09    KJ5:                      [ja,=]
10          =((lacht))
11    I1:   (.) <<pp/smile voice> ja.>
```

Dabei verweist die Interviewerin mit »wir« auf eine Gemein-
samkeit und prinzipielle Gleichgestelltheit, anders als im Interview mit Timon lenkt sie aber zugleich die Aufmerksamkeit auf
die Videoaufnahme. Judith signalisiert in dieser Phase eine hohe
Beteiligung, indem sie auf beinahe jede Intonationsphrase der
Interviewerin mit Hörsignalen reagiert (Z. 4, 6, 9). Auf den etwas
selbstironisch klingenden nachgeschobenen Kommentar der
Interviewerin in Zeile 8, mit dem sie der Jugendlichen einen Einblick in ihre Vorbereitungen gibt und auf ihre möglicherweise
unzureichenden technischen Fähigkeiten anspielt, reagiert Judith
zudem mit Lachen, was die Interviewerin ihrerseits mit einem
Lächeln bestätigt. Auf der grammatischen und gesprächsorganisatorischen Ebene sowie durch Lachen, Stimme und Blicke stellen also auch hier beide Gesprächspartnerinnen in dieser Sequenz
Nähe her (siehe auch Kohl, 2020, S. 34), der Unterschied ist der
explizite Bezug zur Umgebung, hier der Kamera. Im interdisziplinären Gespräch über die Interviewsituationen und insbesondere
darüber, wie die Interviewerin sich zu Beginn fühlte, wurde deutlich, dass sie mit Judith sehr bemüht war, diese nicht zu sehr ins
Rampenlicht zu stellen. Judith wirkte eher unsicher zu Beginn des
Gesprächs. Deswegen fokussierte die Interviewerin möglicherweise lieber auf etwas Drittes (die Kamera) als auf die Jugendliche.
   Am Beispiel des Gesprächs mit Tanja lässt sich der Beitrag
der Jugendlichen zum Herstellen von Nähe am Gesprächsbeginn gut zeigen:

```
            ((Vorbereitungsphase))
03    I2:   ja_erst mal janz schön dass du DA bist,
04          hh°
```

```
05    KJ2:    [(<<p> ich freu mich auch;>)]
06    I2:     [dass das geklappt hat-]
07    KJ2:    ja;
08    I2:     dass du (.) auch wieder so: gəSUND bist_
              dass du sagst du kannst
              teilnehmen,
```

Anschließend an eine sehr kurze Vorbereitungsphase beginnt die psychologische Psychotherapeutin I2 eine Äußerung, mit der sie zunächst Freude bekundet. Sie erweitert die eher formelhafte Begrüßungsfloskel »schön, dass du da bist« mit einer Aufzählung dessen, was noch »janz schön« ist, nämlich dass der Termin stattfinden kann und dass Tanjas Gesundheitszustand sich so verbessert hat, dass sie sich die Teilnahme zutraut. So entsteht eine Liste von »Dass-Sätzen«, mit der die Interviewerin auf der gesprächsorganisatorischen Ebene durchgehend das Rederecht behält. Tanja bekundet ihrerseits innerhalb dieser längeren Äußerung der Psychotherapeutin ihre eigene Freude (Z. 5), zu der sie nach einer kurzen »Atempause« der Interviewerin ansetzt (Z. 4). So sprechen die beiden kurz gleichzeitig, dabei handelt es sich jedoch nicht um eine Unterbrechung, weil Tanja sich an der Gesprächsaufgabe des Ausdrückens von Freude beteiligt und sie dabei zudem eher leise spricht. Das so von Tanja etablierte *kollektive Sprechen* (Schwitalla, 1992) hat die Funktion, Nähe herzustellen (siehe auch Knerich et al., in Vorb.). Auch die nächste Äußerung der Interviewerin bestätigt Tanja klar und deutlich mit »ja«. Im Unterschied zu Timon im ersten Ausschnitt beteiligt sich Tanja also intensiv verbal an der Eröffnungsphase, indem sie von sich aus Nähe herstellt und ihr eigenes Verstehen relevant setzt.

In diesem Abschnitt haben wir gezeigt, wie sich die Beteiligten beim Umgang mit der Situation und mit Gegenständen, hier der Aufnahmesituation und der Kamera, aufeinander ausrichten und aneinander orientieren. Dabei stellt sich die erwachsene Gesprächspartnerin individuell auf das jugendliche Gegenüber ein, das sich auf jeweils eigene individuelle Weise beteiligt. Auch wenn es einen Interviewleitfaden gibt und bestimmte übergeordnete Ziele mit dem Gespräch verbunden sind, ist es doch eindrucksvoll, wie verschieden die Gesprächseinstiege organisiert werden. Wenn wir uns nur auf den Inhalt der gesprochenen Worte konzentrieren würden, würde diese Unterschiedlichkeit übersehen. Es muss also zunächst »mikroskopiert« und anschließend gemeinsam über die Befunde diskutiert werden.

Förderliche Aspekte in der Eröffnungs- und Übergangsphase

Mit diesen Ergebnissen zum direkten Beginn unserer Gespräche als Ausgangspunkt wollen wir nun weitere sprachlich-kommunikative Mittel in den Blick nehmen, mit denen die Interviewerin einen Gesprächsrahmen schafft, der es den Jugendlichen ermöglicht, über ihre Erlebnisse im Kontext des Todesfalls zu sprechen, und wie sie die Jugendlichen zum Erzählen einlädt. Beim Gesprächseinstieg ist sie dafür hauptsächlich zuständig und hauptverantwortlich, auch wenn wir bereits gesehen haben, wie sich die Jugendlichen auch hier in unterschiedlicher Weise beteiligen (siehe auch Knerich et al., in Vorb.).

Der Fokus auf die förderlichen Aspekte am Gesprächsanfang beruht auf einer Auswertung der gesprächsanalytischen Ergebnisse mit Blick auf Good Practice (Knerich et al., in Vorb.). Wir sind dabei davon ausgegangen, dass der Gesprächseinstieg gelingt, wenn die Jugendlichen für sie relevante Aspekte darstellen, insbesondere in narrativer Form (siehe Abschnitt »Erzählungen von Jugendlichen im Kontext existenzieller Erfahrungen«). Die Jugendlichen in unseren offenen Gesprächen schildern alle relevanten Aspekte, im Gegensatz zu Beobachtungen anhand von anderen Gesprächen, bei denen Kinder und Jugendliche Fragen nach und Unterstellungen zu ihren Gefühlen im Kontext von belastenden Lebensereignissen vielfach mit der Äußerung von »Ich weiß nicht« zurückweisen (siehe zusammenfassend Lamerichs et al., 2018; siehe auch Knerich u. Haagen, 2021).

»Die psychotherapeutische Hypothese ist: Wenn jemand inhaltlich oder formal etwas Bestimmtes von den Jugendlichen will, reagieren sie eher mit Nicht-Wissen. […] Unsere Ergebnisse zeigen, dass eine interessierte Haltung in Verbindung mit einem möglichst zieloffenen Gespräch mit einer narrativen Ausrichtung, die jedoch nicht zu viel Anspruch an die Form – im Sinne eines ›richtigen Erzählens‹ – stellt, Jugendlichen ermöglichen kann, über existenzielle und belastende Erlebnisse zu sprechen« (Knerich u. Haagen, 2021).

Weitere Ergebnisse zum »Sicheinstellen« erläutern wir im nächsten Kapitel (2.3), was in der Eröffnungsphase und der Übergangsphase dazu beitragen kann, schlüsseln wir im Folgenden noch einmal auf. In folgenden Transkriptausschnitt stellt die Interviewerin ihr Interesse an dem, was Mirko erzählen will, in den Vordergrund:

```
013   I1:   ich hab hier so_n PAAR FRAgen wo ich
            [vielleicht mal]
014   KJ4:  [hm_hm;]
015   I1:   DRAUF guck-
016   KJ4:  hm_hm,
017   I1:   aber (.) HAUPTsächlich °hh (-) interes-
            siert mich
            dass du (.) erzählst was du mir h° (0.49)
            °h erzählen MÖCHTtest-
018         °h (--) uns erwachsene (.) die wir h°
            äh:::m (0.89) auch (0.44)
```

```
            erFORschen   was/   wie_s   kindern   und
            jugendli[chen GEHT_und]
019  KJ4:           [<<p> hm_hm;>]
020  I1:    was die BRAUchen weil man das (.) °hh
            häufig ja nicht so WEISS-
021  I1:    (0.47) uns interessiert was du erLEBT
            hast-
022  KJ4:   (.) <<p> ja->
023  I1:    (1.03) und_H° (0.43) wie_s dir GEHT-
024  I1:    (0.86) <<p> da kannst du erstmal so (-)
            erzÄHlen.>
025  KJ4:   ((schmatzt)) also bei MIR ist <<p> (äh)
            mein papa
            gestor[ben,>]
```

Die Interviewerin erwähnt zwar ihre vorbereiteten Fragen, stuft
deren Relevanz aber mit verschiedenen sprachlichen Mitteln
herunter: zum einen mit der Attribuierung »so_n PAAR«, die
aus der Abtönungspartikel »so« und einer vagen sowie geringen
Mengenangabe besteht (Z. 13). Zum anderen verortet sie Fragen
in einer unbestimmten Weise im Raum und schränkt ihre Hand-
lungsbedeutung mit »vielleicht mal« und der eher umgangs-
sprachlichen Formulierung »drauf guck« ein (Z. 13, 15) – statt
beispielsweise zu formulieren: »diese Fragen, die ich dir nach-
einander stellen möchte« oder ähnliche denkbare Alternativen,
mit denen sie die Fragen relevant gesetzt hätte. Mirko bestätigt
sowohl das Vorhandensein der Fragen als auch das angedeutete
Vorgehen mit jeweils einem Hörsignal. Er signalisiert damit sein
Verstehen und auch sein Einverständnis mit diesem eher vage
dargestellten Vorgehen (siehe auch Kohl, 2020) und positioniert
sich als aufmerksamer Zuhörer.

Direkt im Anschluss an diese vagen Verweise auf ihre Ge-
sprächssteuerung äußert die Interviewerin ihr Interesse an allem,

was dem Jugendlichen wichtig ist. Sie beginnt mit einem Gegensatzmarker (»aber«) und stellt so erneut die eingangs erwähnten Fragen zurück. So eingeleitet formuliert sie ihr Hauptinteresse in einer längeren Äußerung, für deren Dauer sie das Rederecht für sich beansprucht. Sie setzt dabei besonders das inhaltlich offene, durch den Jugendlichen gesteuerte Erzählen relevant: (Z. 17, 23). Das heißt, sie betont mit dem akzentuierten »HAUPTsächlich« die Wichtigkeit des Beitrags des Jugendlichen und mit »was du mir h° (0.49) °h erzählen MÖCHTtest-« den »größtmöglichen thematischen Freiraum« (Kohl, 2020, S. 31), den sie ihrem Gegenüber bietet. Dies erläutert sie mit einer Bezugnahme auf übergeordnete Forschungsinteressen, in die sie das eigene Forschungsprojekt einordnet, und begründet es darüber hinaus mit dem Unwissen einer nicht näher bestimmten Gruppe erwachsener Forschender (Z. 18; »weil man das (.) °hh häufig ja nicht so WEISS-«, Z. 20). Abschließend rahmt sie diese Ausführungen erneut mit ihrem Interesse, das sie nun als Sprecherin für eine Gruppe formuliert (»uns interessiert«, Z. 21). Hier führt sie zwei Aspekte näher aus, »was du erlebt hast und wie es dir geht« (Z. 21, 23).

Nach diesen längeren Erläuterungen und Erklärungen lädt die Interviewerin Mirko nach einer Pause zum Erzählen ein: »(0.86) <<p> da kannst du erstmal so (-) erZÄHlen.>« (Z. 24). Damit betont sie erneut die Gesprächsaktivität des Erzählens und übergibt das Rederecht für eine unbestimmte Zeit an Mirko. Dieser übernimmt dann auch ohne merkliche Verzögerung und formuliert den in diesem Kontext zentralen Punkt: »also bei mir ist mein Papa gestorben,« (Z. 25).

Wir haben an diesem Beispiel gezeigt, wie die Interviewerin Interesse bekundet, dieses begründet und das Erzählen relevant setzt, ohne vorzugeben, wie genau der Jugendliche erzählen soll. Zudem gibt sie mit diesen eröffnenden Äußerungen Hintergrundinformationen zu ihrem Vorgehen. Ein wichtiger erzählförderlicher Aspekt in diesem Kontext ist, dass die Interviewerin Nichtwissen anzeigt. Sie gibt »dem Jugendlichen somit ein Defizit als Anhaltspunkt, das Mirko in dem Interview thematisch ausgleichen kann« (Kohl, 2020, S. 31). Gleichzeitig schreibt sie ihm damit auch die Fähigkeit zu, dass er dies kann. Sie setzt somit seine Erlebnisse, sein Befinden und seine Erzählungen als – für sie und andere Forschende – wichtige Wissensbestände relevant (vgl. auch Kohl, 2020). Der Jugendliche positioniert sich durchgehend als aufmerksamer Zuhörer und übernimmt nach der Erzähleinladung die Gesprächsaufgabe, eine längere Einheit zu produzieren, ohne Rückfragen oder Verzögerungen. Er beginnt dann zunächst mit einem Bericht darüber, was seinem Vater zugestoßen ist.

Zu Beginn des Gesprächs mit Timon signalisiert die Interviewerin in ähnlicher Weise Nichtwissen (Z. 12) und stuft es durch eine erhöhte Lautstärke hoch (siehe auch Knerich et al., in Vorb.): »<<f>« steht für »forte«, lauter.

```
12    I1:    <<f> weiß auch NICHTS> von der hh° vor-
             geschichte,=
13           =ich weiß nur dass <<len> du dich> über
             VEREIN_NAME bereit
             erklärt hast zu einem !INTER!view.
14           <<cresc> da* wo ich mich natürlich drü-
             ber FREUe;>
15    KJ3:   genau.
```

Mit der folgenden Äußerung stellt sie genauer dar, wie wenig sie weiß, nämlich nur, dass Timon sich über das Zentrum für trauernde Kinder für ein Interview gemeldet hat. Damit stuft sie ihr Wissensdefizit noch einmal hoch. Diese Relevantsetzung ihres Nichtwissens hat vier Funktionen: Die Interviewerin stellt ausdrücklich sicher, dass der Jugendliche weiß, was sie *nicht*

weiß – sie gibt ihm so Gelegenheit, dieses Wissensdefizit auszu-
gleichen. Sie gibt ihm eine Hilfestellung dazu, was er erzählen
kann/muss, damit sie ihn versteht, und beseitigt so im Vorfeld
mögliche Störquellen, die darin bestehen könnten, dass Timon
mehr Wissen ihrerseits voraussetzt und sie nachfragen muss.
Zudem schreibt sie ihm mit »dass du dich bereit erklärt hast«
zu, dass er freiwillig, autonom und aktiv handelt und dass er
ein aktiver und kooperativer Gesprächspartner sein wird (siehe
auch Knerich et al., in Vorb.).

Wir haben herausgearbeitet, dass diese Thematisierung von
Nichtwissen mit ihren vier Funktionen und die Tatsache, dass
die Interviewerin dem Jugendlichen zuschreibt, dass er sich
beteiligen und beitragen will, zur Good Practice am Gesprächsbeginn beiträgt (Knerich et al., in Vorb.).

Zudem ist das »!INTER!view« durch einen starken Akzent
und die Stellung im Satz besonders markiert, die Interviewerin zeigt damit an, dass sie Timon bald für längere Zeit das
Rederecht überlassen wird. Sie schließt die Übergangsphase ab,
indem sie Freude ausdrückt (Z. 14) und so ihre Wertschätzung
bekundet. Timon bestätigt das Wissensdefizit seiner Gesprächspartnerin erst an dieser Stelle mit »genau.«.

Nach einer kurzen Pause lädt die Interviewerin Timon zum
Erzählen ein und übergibt ihm damit das Rederecht für eine
längere Ausführung. Dies zeigt sich auch durch die tief fallende
Intonation:

```
16    I1:    (--) kannst jetzt EINfach
17    KJ3:   °hh
18    I1:    erzä:h[len.]
```

Schon während die Interviewerin die Erzähleinladung aus-
spricht, zeigt Timon mit einem hörbaren Einatmen an, dass er
das Rederecht übernehmen möchte (Z. 17). Er stellt eine kom-

plexere Rückfrage zum weiteren Vorgehen, ohne auf inhaltliche
Aspekte Bezug zu nehmen:

```
19    KJ3:  [<<f> v]on: WO soll ich_n> anfangen;=
20          =so von ganz VORne (.) mit dem ganzen
              geSCHEHen und passiert und
21            dann:- (-) im laufe der zeit wie_s dann
              WEITERlief?_oder,
22    I1:   (0.32) GERne.
23    KJ3:  (0.38) okay also <<lachend> (fangen_wa
              einfach von)> ganz vorne
              mal an,=
24    I1:   =hm_hm,
```

Dass er die mit »von: WO« eingeleitete Frage noch fortsetzen
wird, signalisiert er damit, dass er sie intonatorisch nicht als
Frage ausweist: Anstatt einer stark steigenden Tonhöhe am Ende
der Äußerung, wie sie bei einer Frage üblich ist, senkt er die
Stimme (Z. 19) und schließt dann auch schnell eine Präzisierung
seiner Rückfrage an: Er erkundigt sich, wo er anfangen soll, und
verweist dabei inhaltlich ungefüllt auf einen Anfang (Z. 20) und
einen Verlauf des Geschehens (Z. 21). Dies richtet er dann als
Frage mit steigender Intonation an die Interviewerin. Dabei bietet er ihr mit der angehängten Bestätigungsfrage »oder,« in mittel
steigender Intonation an, ihrerseits eine Alternative vorzuschla-
gen (Z. 21). Dies nimmt die Interviewerin nicht an, sondern sie
antwortet mit »gerne« und behandelt die Frage so wie einen Vorschlag, ohne eine eigene Konkretisierung einzubringen. So lässt
sie dem Jugendlichen einen Freiraum an Reaktionsmöglichkei-
ten auf die Erzähleinladung (siehe auch Knerich et al., in Vorb.).
     Nach einer kurzen Pause übernimmt Timon das Rederecht.
Er bestätigt die vorausgegangene Aushandlung mit »okay« und
zeigt mit »also« an, dass nun eine längere Schilderung folgen

wird. Dann reformuliert er seine Frage mit dem Personalpronomen »wir« als gemeinsame Aktivität: »<<lachend> (fangen_ wa einfach von)> ganz vorne mal an,« (Z. 23). Er zeigt so, dass er nun bereit und in der Lage ist, die Gesprächsaufgabe zu bearbeiten, emotional nicht besonders belastet ist, was durch das Lachen aufgezeigt wird, und dass die Erzählaufgabe jetzt ganz im Mittelpunkt steht (vgl. auch Kohl, 2020). Wie angekündigt, erzählt Timon nun szenisch-episodisch vom Tod seines Vaters und den darauffolgenden Ereignissen.

Zusammenfassend ist es in der Eröffnungs- und Übergangsphase förderlich, wenn die Interviewerin Wertschätzung und Freude bekundet, Nähe herstellt, Rückfragen und Beteiligung der Jugendlichen zulässt und die Jugendlichen als kompetente Gesprächspartner behandelt, deren Wissen relevant ist und die auch bereit sind, dieses zu teilen. Die Interviewerin stellt zudem sicher, dass die Jugendlichen wissen, was sie *nicht* weiß, sodass sie dieses Wissensdefizit bearbeiten können, ohne dass es zu Missverständnissen oder Störungen kommt. Für gelungen halten wir auch, dass die Rückfrage des Jugendlichen, die einen Vorschlag zum Vorgehen enthält, von der Interviewerin angenommen wird, ohne den Vorschlag weiter zu kommentieren. Auch die offene und mit »du« direkt an die Jugendlichen gerichtete Erzähleinladung hat sich in unseren Daten als förderliche Gesprächshandlung erwiesen (Knerich et al., in Vorb.).

An dieser Stelle des Gesprächs begibt sich die Interviewerin dann in die Position der Zuhörerin. Wie genau dies geschieht, stellen wir im nächsten Kapitel dar.

2.3 Zuhören und Reagieren

In diesem Kapitel geht es um das Zuhören und Reagieren in Gesprächssituationen, in denen die betroffenen Jugendlichen

beginnen, über den Verlust ihres verstorbenen Elternteils zu sprechen. An den Transkripten können wir beobachten, dass sich die
Interviewerin dabei auf ihr Gegenüber *einstellt,* indem sie sich
daran orientiert, *wie* die Jugendlichen über ihre existenziellen
Erfahrungen sprechen. Wir sehen auch, inwiefern die Jugendlichen die Interviewerin dabei mit in ihre Darstellungen einbeziehen. Mit ihrem sogenannten *redebegleitenden Verhalten,* mit
dem sich die Interviewerin als Zuhörerin positioniert und damit
»aktiv hergestellte Passivität« (Knerich et al., in Vorb.) erzeugt,
unterstützt sie die Jugendlichen in ihren Erzählungen in unterschiedlicher Weise. Im Folgenden möchten wir diese verschiedenen Möglichkeiten des Zuhörens und Reagierens aufzeigen und
damit verdeutlichen, dass das Zuhören und Reagieren immer in
Abhängigkeit von der individuellen Situation sowie dem interaktiven Verhalten der jugendlichen Gesprächspartner steht: »Gerade
Jugendliche mit ihrer noch fragilen Autonomie und besonderen
Empfindlichkeit in Gesprächen mit Erwachsenen benötigen also
eine flexible Gesprächsführung« (Knerich et al., in Vorb.).

Bevor wir im Detail auf das besondere redebegleitende Verhalten der Interviewerin eingehen, möchten wir zunächst allgemeine Phänomene des Zuhörens und Reagierens aufzeigen. Zur
Veranschaulichung ziehen wir dazu einen Interviewausschnitt
mit Timon heran, der den Tod seines Vaters während des Fami-
lienurlaubs miterlebt hat und diese Erfahrungen im Interview
episodisch-narrativ darstellt.

```
0033  KJ3:  ((schluckt)) u:nd in der einen nacht auf
            der anderen °hh
            ähm: (.) ((schmatzt)) <<len> um zwei uhr
            nachts wurde ich
von meinem:> BRUder geweckt,
0034        (1.87) ZIEMlich also schon zu (0.4) also
            meine mutter hatte
```

geschrien so (0.36) i_äh/ <<imitierend> kinder_kin-
der

kommt> und so-

0035   <<imitierend> TImon [TImon] komm schnell
            her,>

0036 I1:   [hm_hm;]

0037 KJ3: °hh <<f> u::nd> (-) dann:/ ich hab_n sehr
            <<len> festen>

schlaf;=

0038   =hat er mich geweckt,=

0039   =bin ich dahin gerannt,=

0040   =und dann (0.34) lag da mein vAter (0.45)
            und meine mutter

saß VÖLlig fErtig daneben;

0041 I1: hm_hm-

0042 KJ3: (-) <<schluckend> ja;>

0043   °hh [<<all> so es war mItten] in der
            nacht in:/> (.) das war

ganz ABgelegen.=

0044 I1:   [<<pp / len> oh gOtt.>]

0045 KJ3: =FAMILIENURLAUB_ORT_3 da hat man GAR
            nichts da: (-) kann man

ne stunde aufn (.) empfang vom handy warten;

0046 I1: !O!ha.

0047 KJ3: (-) u::nd (0.78) dann: (0.38) <<all> hab
            ich erstmal

geguckt> so z/ (0.43) <<all> vonwegen> puls oder
sonst noch

was,=

0048 I1: [ja-]

0049 KJ3: [=war] nichts-

0050   °hh u::[nd]

0051 I1:   [war KEIN] puls;

```
0052  KJ3:   nee.=
0053         =hab ich meine mutter erstmal RAUSgeholt-
0054  I1:    (-) hm_hm.
```

Die Interviewerin positioniert sich in dieser Sequenz als Zuhörerin bzw. Rezipientin. Ihre Reaktionen lassen sich als unterschiedliche kommunikative Signale mit ebenso unterschiedlichen Funktionen begreifen. Während Timons Darstellung initiiert die Interviewerin:

- Rezeptionssignale bzw. *Continuer* (Z. 36, 41, 54);
- Bewertungen in Form von affektiv gefärbten Bestätigungen (Z. 44, 46);
- Verstehensdokumentationen (Z. 47–51).

Rezeptionssignale gelten grundsätzlich als Verzicht darauf, im gesprächsaktuellen Moment das Wort zu ergreifen, und können als Fortsetzungssignal verstanden werden – daher der englische Ausdruck *Continuer* (Schegloff, 1982). Im Deutschen sind solche Rezeptionssignale beispielsweise *hm, mhm, aha* usw. sowie Varianten davon, die sich hinsichtlich ihrer Dehnung, Intonation und Akzentuierung unterscheiden (Birkner et al., 2020, S. 178).

Die Interviewerin tätigt also in den Zeilen 36, 41 und 54 zwar immer dieselben Continuer (»hm_hm«), die kommunikativen Signale, die die Interviewerin damit setzt, können aber je nach unmittelbarem Gesprächskontext durchaus verschieden ausfallen. Zwei sehr unterschiedliche Verwendungsweisen von hm_hm sollen nun anhand der Zeilen 36 und 54 kurz aufgezeigt werden. Den ersten Continuer in Zeile 36 tätigt die Interviewerin in einem sogenannten überlappenden Redebeitrag (im Transkript markiert durch die eckigen Klammern). Hierbei und auch anhand des interaktiven Verlaufs ist zu erkennen, dass die Interviewerin sich dem Jugendlichen gegenüber nicht kompetitiv verhält (indem sie z. B. keine Gelegenheiten wie

Gesprächspausen wahrnimmt, um selbst das Wort zu ergreifen). Vielmehr signalisiert sie Timon kooperativ, dass sie bereit
ist, weitere Einheiten zu rezipieren (Birkner et al., 2020), nachdem er in seiner Darstellung ein szenisches Detail in Form der
direkten Rede seiner Mutter wiederholend geäußert hat (»also
meine mutter hatte geschrien so (0.36) :_äh/ <<imitierend> kin-
der_kinder kommt> und so- <<imitierend> TImon [TImon]
komm schnell her,>«, Z. 34, 35). Hier kann das simultan formulierte Rezeptionssignal also als Unterstützung für eine the-
matische Weiterführung interpretiert werden und gleichzeitig
als bestätigende Anzeige, dass die Interviewerin die von Timon
szenisch dargestellte alarmierende Situation ebenfalls als solche wahrnimmt.

In Zeile 54 verwendet die Interviewerin einen Continuer
in Verbindung mit einer tief fallenden Intonation (»hm_hm.«)
und unterstützt den Jugendlichen zum einen damit, seine Darstellung fortzuführen. Zum anderen positioniert sie sich unter
Berücksichtigung des unmittelbaren Gesprächskontexts aber
auch zurück auf ihre Zuhörerinnenrolle: Nachdem sie sich in
den Zeilen 48–51 in einer eingeschobenen Nachfrage nach dem
Puls des Vaters erkundigt hat, signalisiert sie mit dem darauffolgenden Continuer, dass sie sich weiterhin als Zuhörerin begreift
und nicht weiter beabsichtigt, inhaltlich in den gesprächsaktuellen Moment einzugreifen.

Die Interviewerin kommuniziert in ihrer Rolle als Zuhörerin
innerhalb von Timons Erzählung neben den Rezeptionssignalen ebenfalls durch *Bewertungen in Form von affektiv gefärbten
Bestätigungen* (Z. 44 und 46). Ihr sowohl leise als auch langsam
realisierter Ausdruck »<<pp / len> oh gOtt.>« und der kurze Zeit
später folgende stark akzentuierte Ausruf »!O!ha.« bestätigen
zum einen Timons Darstellungen in der Sequenz von Zeile 40
bis 46. Zum anderen stellt sie eine emotionale Beteiligung dar,
mit der sie Timons Darstellung emotional anerkennt und zudem

seine einzelnen Darstellungen hervorhebt. Diese Anzeige von emotionaler Beteiligung kommuniziert die Interviewerin insbesondere über sogenannte *parasprachliche* Merkmale wie die sehr leise oder langsame Realisierung ihrer Äußerung oder ihre starke Betonung/Akzentuierung.

Die bereits erwähnte von der Interviewerin initiierte *Verstehensdokumentation* in Form einer eingeschobenen Nachfrage in den Zeilen 47 bis 51 soll nun ausführlicher betrachtet werden. Mithilfe dieses Konzepts werden sprachlich-kommunikative Verfahren untersuchbar, mit denen die Gesprächsteilnehmenden einander in der Interaktion anzeigen, wie sie die Beiträge der anderen verstehen und auch wie ihre eigenen Äußerungen verstanden werden sollen (Deppermann u. Schmitt, 2008, S. 222). Eine zentrale Frage hierbei ist, wann und wie Verstehen in der Interaktion überhaupt relevant wird: Timon erzählt in den Zeilen 47 und 49 vom Zustand seines Vaters – dies stellt er auf syntaktischer Ebene entzerrt dar, indem er die bloße Bezugnahme auf den Puls (»hab ich erstmal geguckt> so z/ (0.43) <<all> von wegen> puls«) und die Abwesenheit des Pulses in Form einer Negation (»[=war] nichts«) getrennt in zwei Redebeiträgen äußert. Dies bewirkt auf interaktiver Ebene einen spannungssteigernden Moment, sodass die Interviewerin zunächst ein Hörsignal zurückmeldet (Z. 48) und damit ein Fortfahren seiner Erzählung verbal unterstützt.

Timons teilweise überlappend formulierter knapper Verweis auf die Abwesenheit des Pulses veranlasst die Interviewerin jedoch auch dazu, eine ebenso knappe, aber explizitere Nachfrage zum Puls des Vaters zu stellen, indem sie Timons Äußerungen zusammenführend reformuliert (»[war KEIN] puls;«). Aus der Sequenz lässt sich zwar nicht rekonstruieren, ob für die Interviewerin beispielsweise durch die Überlappung ein akustisches Verstehensdefizit bestand oder ob sie das korrekte Verstehen von Timons syntaktisch auffälliger Formulierung sichern

möchte. Anhand ihrer Akzentuierung der Negation »KEIN puls«
lässt sich aber grundlegend erkennen, dass die Interviewerin
in ihrer zuhörenden Rolle Verstehen zu diesem Zeitpunkt der
Erzählung als besonders relevant begreift, indem sie eine Absi-
cherung des gemeinsamen Wissens (Deppermann u. Schmitt,
2008, S. 237) hinsichtlich des medizinischen Zustands des Vaters
initiiert und eben nicht das Ende von Timons Erzählung abwar-
tet. Sie positioniert sich damit als aufmerksame und involvierte
Zuhörerin, die auf sprecherwechselorganisatorischer Ebene ein-
greift, Timons Erzählung für kurze Zeit suspendiert und Ver-
stehensprobleme unmittelbar nach ihrem Auftreten bearbeitet.

Nachdem kommunikative Merkmale von Zuhören und
Reagieren in Form von Rezeptionssignalen, affektiv gefärbten
Bestätigungen sowie Verstehensdokumentationen exemplarisch
veranschaulicht wurden, soll nun ausführlicher auf den Aspekt
des »Sicheinstellens« eingegangen werden. Wir zeigen zwei verschiedene Interviewausschnitte mit Judith und Mirko, anhand
derer dargestellt werden soll, wie genau sich die Interviewerin auf
ihre jugendlichen Gesprächspartnerinnen und Gesprächspartner einstellt, die beginnen, vom Tod ihres Vaters zu berichten.

Im Interview mit Judith (KJ5) lässt sich das Zuhören und
Reagieren der Interviewerin als ein unterstützendes, dichtes
Rückmeldeverhalten beschreiben (siehe Z. 18, 20 und 22):

```
17    KJ5:   joa es geat um_mein vAter?
18    I1:    <<einmal nickend> hm_hm,>
19    KJ5:   (0.47) ÄHM der ist vor anderthalb jahren
             gestorbn,
20    I1:    <<einmal nickend> hm_hm;>
21    KJ5:   (0.32) äh:::m der hatte SELBSTmord ge*
             (0.33) (gesagt) (.)
             [begang_n?]
22    I1:    [OHje:-]
```

Während Judith mit ihrer Antwort auf die offen gestellte Erzählaufforderung beginnt und ihren Vater als Gesprächsanlass
nennt, fordert sie – ohne direkte Aufforderungen, sondern nur
mittels ihrer steigenden Intonation (im Transkript erkennbar am
Komma und dem Fragezeichen, siehe auch Abschnitt »Gespräche im Wortlaut genau betrachten: Wozu brauchen wir Transkripte?«) – zum Ende ihrer Äußerung eine Reaktion von ihrer
Gesprächspartnerin ein. Die Interviewerin reagiert auf diese in-
tonatorische Einforderung sensibel und äußert nach jeder einzelnen Äußerung sowohl auf nonverbaler (Kopfnicken) als auch
auf verbaler Ebene (»hm_hm«) ein Rückmeldesignal. Damit
zeigt sie zum einen an, dass sie Judith zuhört und versteht, zum
anderen signalisiert sie, dass sie sich als Zuhörerin begreift und
nicht beabsichtigt, das Wort in der aktuellen Gesprächssituation
zu übernehmen.

Die beiden Gesprächspartnerinnen erzeugen in dieser Sequenz somit eine individuelle und intuitive Dynamik sich
abwechselnder Äußerungen und nähern sich so gemeinsam
schrittweise gesprächsthematisch dem Suizid von Judiths Vater
an. Indem Judith daran festhält, das Ende ihrer Äußerungen mit
einer steigenden Intonation zu realisieren, wird sichtbar, dass
die Art und Weise, wie die Interviewerin zuhört und reagiert,
für Judith unterstützend wirkt.

In der darauffolgenden Sequenz wird Judiths Präferenz der
gewählten Darstellung, in der die Interviewerin interaktiv und
kontinuierlich miteinbezogen wird, besonders deutlich:

```
23    KJ5:   °h [in der REha]-=
24    I1:    [<<p> (ohje);>]
25    KJ5:   =<<all> war sehr lange zychisch krank->
26    I1:    (0.59) !IN! der REha;
27    KJ5:   <<nickend> (IN) der reha;>
28    I1:    hm::_hm;
```

```
29    KJ5:   ähm  mit  ein  (0.52)  (wurde  gesagt)
             <<leicht zittrige Stimme>
             äh:m> (0.42) VERLETZUNG_1_VATER?
30           (.) [war das-]
31    I1:        [hm_hm,]
```

Nachdem Judith knapp und mit einer nicht weiter spezifizierten
psychischen Erkrankung (Z. 25) auf den Reha-Aufenthalt ihres
Vaters eingegangen ist, unterbricht die Interviewerin erstmalig
die Darstellung der Jugendlichen. Zeitlich verzögert und stark
betont wiederholt die Interviewerin in Zeile 26 wortgleich Teile
aus Judiths kurz zuvor getätigter Äußerung. Aus linguistischer
Perspektive kann hier das Phänomen des sogenannten *Empa-
thieangebots* (Gülich u. Pfänder, 2013, S. 435) beobachtet werden.
Dieses Angebot wird als eine Verdeutlichung von Bestrebungen
verstanden, den inneren Zustand einer anderen Person zu erkennen, relevant zu setzen und nachzuempfinden. In unserem Beispiel wird dies u. a. durch die kontrastreiche, starke Betonung der
Interviewerin signalisiert. Sie zeigt damit eine erhöhte emotionale
Beteiligung, indem sie den Umstand des Suizids relevant setzt
und Judith anbietet, ihn näher auszuführen. Die Interviewerin
greift dabei jedoch weder direkt in die Darstellung der Jugendlichen ein noch fordert sie Judith explizit dazu auf, den Umstand,
dass der Vater sich in der Reha suizidiert hat, detailliert auszuführen. Vielmehr signalisiert sie unmittelbar nach Judiths Bestätigung in Zeile 28 mit einem gedehnt realisierten Rückmeldesignal weitere Zuhörbereitschaft und verdeutlicht damit, das Wort
nicht übernehmen zu wollen. Sie positioniert sich also zurück
auf ihre aktuelle Rolle als Zuhörerin. Währenddessen reagiert die
Jugendliche bestätigend und unmittelbar (nonverbal verstärkt
durch Kopfnicken) auf das Empathieangebot der Interviewerin.
   Betrachtet man Judiths Verhalten als Reaktion auf die Unterbrechung der Interviewerin, kann veranschaulicht werden, dass

Judith Gelegenheiten, die sie von der übergeordneten Erzählaufgabe und der damit einhergehenden Besonderheit in ihrer Rolle als Sprecherin zeitweise ablösen, nicht nur annimmt, sondern sogar unterstützt: Indem die Jugendliche in Zeile 29 die Verletzung des Vaters als Grund für seinen Reha-Aufenthalt nennt, zeigt sie an, dass sie das Empathieangebot der Interviewerin inhaltlich bearbeitet. Sie lässt also von ihrer eigenen schrittweisen Darstellung ab und fokussiert den von der Interviewerin relevant gesetzten Umstand, dass sich der Vater zum Zeitpunkt des Suizids in der Reha befand. Durch diese Beobachtung verstärkt sich der Eindruck, dass Judith einen engen Austausch mit der Interviewerin gegenüber einer einseitigen Erzählung bevorzugt und diesen auch in der Äußerung in den Zeilen 28 bis 30 mit den gleichen intonatorischen Mitteln erfolgreich (Z. 31) aufrechterhält (Knerich et al., in Vorb.).

Abschließend kann gefolgert werden, dass das Empathieangebot der Interviewerin in Zeile 25 die Darstellung der Jugendlichen zwar unterbricht, gleichzeitig aber noch mehr Freiheiten in der Interaktion schafft: So ermöglicht die Interviewerin es der Jugendlichen in der Anfangsphase – und unter Berücksichtigung der aktuellen Gesprächsaufgabe, existenzielle Erfahrungen darzustellen –, die Art und Weise der Darstellung (also mithilfe der Unterstützung der Interviewerin) selbstgewählt zu gestalten.

Auch im Interview mit Mirko wird erkennbar, dass sich die Interviewerin daran orientiert, *wie* der Jugendliche über seine Erfahrungen berichtet. In dem folgenden Transkriptauszug geht es um den konkreten tödlichen Unfallhergang, an dem Mirkos Vater beteiligt war. Mirko wählt dabei eine faktengeprägte, polizeiberichtartige Darstellungsweise der Ereignisse (Knerich u. Haagen, 2021), an die die Interviewerin anknüpft:

```
37    KJ4:   (1.03) papa wohnte dort STRASSE_NAME_1
              und
```

```
                  [dann]
38   I1:    [hm_hm;]
39   KJ4:   in der STRASSE_NAME_2 über (die) kreu-
            zung gegangen,
40   I1:    hm_HM-
41   KJ4:   über GRÜN und von der anderen seite kam
            n es ju wi, (.)
42   KJ4:   [um die] ecke;
43   I1:    [<<pp> ch;>]
44          (0.91)
45   KJ4:   ja und es kam halt ganz PLÖTZlich für
            mich auch,
46          und das war ich da_ich/ erstmal ähm auch-
47          (0.78)
48   I1:    is er als RADfahrer überfahren [(wor-
            den),]
49   KJ4:                                  [nee_
            nee als]
            FUSSgänger.
50   I1:    als FUSSgänger;
51   KJ4:   war auch in der (.) ähm mo_mor/
            also in der ZEITUNG_NAME_1 [drin-]
52   I1:                               [ah_ja;]
```

Nachdem Mirko seinen Bericht mit exakten Angaben zum Ort
(Nennung von zwei Straßennamen) und zur Verkehrssituation
(»kreuzung«, »über GRÜN«, »es ju wi«) eingeleitet hat, kommt
es in Zeile 45 zu einem inhaltlichen Sprung – Mirko erzeugt
eine Darstellungslücke innerhalb seines Berichts und wechselt
auf die eigene Perspektive, indem er zum ersten Mal auf sich
Bezug nimmt (»für mich«). Damit lässt er zugleich die Versprach-
lichung des konkreten tödlichen Unfallgeschehens aus. Die Interviewerin nutzt die darauffolgende kurze Gesprächspause in

Zeile 47, um die Handlungskette, die Mirko zuvor in den Zeilen 37 bis 42 etabliert hat, zeitverzögert zu vervollständigen: Mittels einer Nachfrage fokussiert sie zurück auf den zentralen Aspekt des Geschehens. So setzt sie ein verkehrssituationsbezogenes Detail – die Rolle des Vaters als Verkehrsteilnehmer – relevant und verwendet dabei den expliziten Ausdruck »überfahren worden«. Hiermit bewirkt die Interviewerin unterschiedliche Dinge. Zum einen unterstützt sie Mirko darin, seinen Bericht vollständig abzuschließen, und zwar auf seine selbstgewählte faktengeprägte Darstellungsweise. Zum anderen benennt sie den Tod des Vaters zum ersten Mal im Gespräch explizit und initiiert damit, den Tod des Vaters gemeinsam in der Interaktion in Worte zu fassen.

Mirko reagiert auf diese Nachfrage bereits, während die Interviewerin noch spricht (siehe die eckigen Klammern in Z. 48 und 49). Er verneint die geschlossene Frage der Interviewerin mit »nee_nee« und stellt daraufhin erneut gemeinsames Wissen bezüglich der Verkehrsteilnehmerrolle seines Vaters her – bereits in Zeile 39 spricht Mirko davon, dass sein Vater über die Kreuzung *ging*. Er detailliert also die Verkehrsteilnehmerrolle des Vaters mit einer tief fallenden Intonation und antwortet knapp: »als FUSSgänger.«, ohne dabei selbst den expliziten Ausdruck der Interviewerin (»überfahren worden«) aufzugreifen. Mit seiner fallenden Intonation signalisiert er, seine Antwort nicht weiter ausführen zu wollen, und geht somit auf die Initiierung der Interviewerin nicht ein, seine Darstellungslücke zu schließen und den Unfallhergang genauer zu fokussieren. Die Interviewerin kommuniziert mit denselben intonatorischen Mitteln und ihrer wortgleichen Wiederholung in Zeile 47 zum einen, dass sie keinen weiteren Klärungsbedarf hat. Zum anderen zeigt sie Verständnis und Kooperation für die Kürze seiner Ausführung und gibt dem Jugendlichen daraufhin erneut Freiraum für selbstgewählte Gesprächsinhalte, indem sie eben das Wort nicht weiter ergreift und keine ergänzenden Nachfragen stellt.

Mirko fügt daraufhin in Zeile 48 abschließend einen Beleg des Unfalls hinzu, indem er auf eine Berichterstattung einer großen Tageszeitung verweist. Hiermit rahmt er rückwirkend seine berichtartige Darstellungsweise und signalisiert nicht nur, dass dieser faktengeprägte Zugang für ihn relevant ist. Indem der Jugendliche die Tageszeitung anführt, verweist er die Interviewerin damit ebenfalls an eine externe Informationsquelle, durch die die Interviewerin an detaillierte Fakten gelangen kann. Mirko setzt damit implizit eine Grenze hinsichtlich der Frage, was und wie viel er von dem Tod seines Vaters berichten will bzw. kann. Obwohl der Jugendliche also die Nachfrage der Interviewerin nur knapp bearbeitet und implizit anzeigt, dass er nicht mehr als nötig zum Unfallhergang berichten will, bleibt er dabei zugleich sehr kooperativ: Er beantwortet nicht nur die redundante Frage der Interviewerin, sondern bietet ihr zudem die Möglichkeit an, durch eine andere Quelle mehr über den Unfall zu erfahren. Trotz dieser zwei Hürden innerhalb der Interaktion – einerseits zeigt die Interviewerin durch ihre Nachfrage Unaufmerksamkeit an, andererseits signalisiert Mirko, dass er nicht länger als nötig im gesprächsaktuellen Moment verweilen will – bleiben die zwei ein Interaktionsteam. So wird deutlich, dass sich nicht nur die Interviewerin an der Darstellung des Jugendlichen orientiert – auch Mirko zeigt mit seinem kommunikativen Verhalten, dass er sich auf seine Gesprächspartnerin einstellt.

2.4 Agency

Um zu erfahren, wie sich die Jugendlichen in ihrer Darstellung des Todes ihres Vaters selbst verorten, inwiefern sie sich in diesem Zusammenhang als handelnde Personen mit Kontrollmöglichkeiten darstellen oder ob sie sich hinsichtlich ihrer existenziellen Erlebnisse als passiv erleidend ohne Handlungs-

kontrolle positionieren, kann das Konzept der *Agency* hinzugezogen werden. Agency kann je nach Disziplin unterschiedliche
Dimensionen der Handlungsebene beleuchten. Im Allgemeinen
wird der Begriff aus theoriegeschichtlicher Perspektive unscharf
verwendet – in der interdisziplinären begrifflichen Auseinandersetzung wird schnell deutlich, »dass der Agency-Begriff im
Kern von sich überlappenden Diskursen unterschiedlicher the-
oretischer Verortung vage bleibt und eine stringente Bestimmung vermissen lässt« (Helfferich, 2012, S. 9). Aus Sicht der
Soziologie beispielsweise wird mit Agency nach Giddens (1979)
und Bourdieu (1972) das Verhältnis zwischen sozialen Struktu-
ren und situiertem Handeln gefasst (Deppermann, 2015). Die
Psychologie benutzt den Begriff weniger in der Praxis, explizit
kommt Agency beispielsweise als Begriffspaar zusammen mit
»Communion« vor. Diese von Bakan (1966) eingeführte Basis-
dimension nimmt Bezug auf das menschliche Handeln: Agency
bezeichnet hier Selbstbezüglichkeit, Streben nach Kontrolle der
Umwelt, Selbstbestätigung, Kompetenzerleben und das Verfolgen eigener Ziele. »Communion« definiert sich über den Bezug
zu anderen und als Wunsch, mit anderen nah verbunden zu sein
(Helfferich, 2012).

   In diesem Kapitel möchten wir Agency als rein linguistische
Analysekategorie behandeln. Mithilfe des Begriffs soll die Frage
geklärt werden, wer als Ausführender einer Handlung dargestellt wird und »inwieweit damit eine Kontrolle über das dargestellte Handeln verbunden ist« (Schwabe, 2006, S. 205). Auf
kommunikativer Ebene lassen sich dabei über die sprachliche
Ausgestaltung der Agency unterschiedliche Handlungsdarstel-
lungen aufrufen. »Bei der Rekonstruktion eines Ereignisses im
Erzählen etwa hat der Sprecher die Möglichkeit, sich selbst als
aktiv handelnd oder lediglich beobachtend und dokumentie-
rend darzustellen« (Schwabe, 2006, S. 205). Dieses kommunikative Verfahren kann somit als Positionierung bzw. Selbstdarstel-

lung mit speziellem Fokus auf den Handlungsbezug verstanden werden.

Im Folgenden werden nun drei verschiedene Darstellungen von Timon, Mirko und Judith gegenübergestellt, um unterschiedliche Dimensionen von Agency exemplarisch nachzuvollziehen. Während Timon selbst beim Tod des Vaters dabei war und er in seinen Darstellungen auf Handlungsebene auch selbst auftaucht, können wir im Fall von Mirko und Judith nur Darstellungen hinzuziehen, in denen sie thematisieren, wie sie vom Tod ihres Vaters erfahren haben oder allgemein über den Tod des Vaters sprechen. Obwohl sie also nicht selbst dabei waren, lassen sich dennoch Aussagen darüber treffen, wie sie sich oder andere im Gesprächskontext von Sterben und Tod auf einem Spektrum zwischen passiv erleidend und aktiv handelnd darstellen.

Der folgende Transkriptauszug ist bereits aus dem vorherigen Kapitel 2.3, »Zuhören und Reagieren«, bekannt, dennoch lassen sich mit Perspektive auf Timons dargestellter Handlungskontrolle im Vergleich dazu völlig andere, neue Beobachtungen anstellen: Während Timon von der Nacht erzählt, in der sein Vater verstarb, stellt er sich selbst mit erhöhter Handlungsfähigkeit dar – dies ist in den Transkriptzeilen 41, 49 und 55 zu erkennen.

```
036       (1.87) ZIEMlich also schon zu (0.4) also
          meine mutter hatte
geschrien so (0.36) i_äh/ <<imitierend> kinder_kin-
der kommt> und so-
037       <<imitierend> VORNAME_KJ3_ [VORNAME_KJ3]
komm schnell her,>
038   I1:   [hm_hm;]
039   KJ3:  °hh <<f> u::nd> (-) dann:/ ich hab_n sehr
          <<len> festen>
schlaf;=
```

```
040          =hat er mich geweckt,=
041          =bin ich dahin gerannt,=
042          =und dann (0.34) lag da mein vater (0.45)
             und meine mutter
saß VÖLlig fertig daneben.
043    I1:   hm_hm-
044    KJ3:  (-) <<schluckend> ja.>
045          °hh [<<all> so es war mitten] in der
             nacht in:/> (.) das war
ganz ABgelegen.=
046    I1:   [<<pp> oh gott.>]
047    KJ3:  =FAMILIENURLAUB_ORT_3 da hat man GAR
             nichts da: (-) kann man
ne stunde aufn (.) empfang vom handy warten;
048    I1:   !O!ha.
049    KJ3:  (-) u::nd (0.78) dann: (0.38) <<all> hab
             ich erstmal
geguckt> so z/ (0.43) <<all> vonwegen> puls oder
sonst noch
was,=
050    I1:   [ja-]
051    KJ3:  [=war] nichts-
052          °hh u::[nd]
053    I1:   [war KEIN] puls;
054    KJ3:  nee.=
055          =hab ich meine mutter erstmal RAUSgeholt-
```

In Timons Erzählung, in der neben ihm auch sein Bruder und seine Mutter als potenziell handelnde Akteure erscheinen, positioniert sich der Jugendliche selbst mit der größten Handlungskontrolle: Er rennt zu den Eltern (Z. 41), überprüft den Puls (Z. 49) und kümmert sich um die Mutter (Z. 55). Zum einen erkennt man in der Handlung »rennen« eine gesteigerte Form der aktiven Handlung (»bin ich dahin gerannt« vs. »bin ich dahin gelaufen« vs. »kam ich da an«). Zum anderen erzählt Timon von seiner selbstinitiierten Handlung, den Puls seines Vaters zu prüfen und die Mutter daraufhin aus der Situation zu holen – aus Sicht von Agency wird hierbei eine erhöhte agentivische Selbstdarstellung deutlich. So positioniert er seine Mutter nicht nur als erleidende, passive Akteurin des Geschehens, er stellt sich selbst zudem als den Sachverhalt kontrollierend dar und signalisiert damit – auch in Bezug auf seinen Bruder und seine Mutter – Kontrollfähigkeit sowie Handlungsverantwortung.

Wie bereits angedeutet, war Mirko bei dem Verkehrsunfall seines Vaters, der als Fußgänger von einem SUV-Fahrer überfahren wurde, nicht selbst vor Ort. Insofern erübrigt sich die Frage nach Mirkos Darstellung eigener Handlungsfähigkeit während des Unfalls. Dennoch lassen sich Rückschlüsse bezüglich Mirkos Konzeptualisierung der Unfallbeteiligten aus seiner fallberichtartigen Darstellung rekonstruieren:

```
33   KJ4:   (0.36) und zwar ähm: (-) mor/ also was
            heißt MORgens
            es war so MITtags <<dim> gegen ZWEI
            glaube ich
            ungefähr,>
34          (.) eins(e) zwei_so um den dreh,
35          °h ist er zur ARbeit gegangen [und ähm-]
36   I1:                                 [hm_hm. ]
37   KJ4:   (1.03) papa wohnte dort STRASSE_NAME_1
            und
            [dann]
38   I1:    [hm_hm;]
39   KJ4:   in der STRASSE_NAME_2 über (die) kreu-
            zung gegangen,
```

```
40    I1:    hm_HM-
41    KJ4:   über GRÜN und von der anderen seite kam
             n es ju wi, (.)
42    KJ4:   [um die] ecke;
43    I1:    [<<pp> oh;>]
```

Der Jugendliche positioniert seinen Vater selbstinitiiert als korrekt handelnden Verkehrsteilnehmer, indem er in Zeile 41 den Zusatz ergänzt, dass sein Vater »über GRÜN« über die Ampel ging. Damit nimmt er im Gespräch mit der Interviewerin eine potenzielle Aushandlung der Schuldfrage vorweg. Mit mittel steigender Intonation setzt er die Handlungskette fort: »und von der anderen seite kam n es ju wi,« und führt – neben dem Vater als handelnder Person – den Unfallgegner in die Sachverhaltsdarstellung ein. Simultan zur Reaktion in Form einer sehr leisen realisierten Interjektion »[<<pp> oh;>]« der Interviewerin ergänzt Mirko dann mit dem Nachtrag »[um die] ecke,« ein wichtiges Detail. Zum einen unterstreicht er hiermit implizit erneut das korrekte Verhalten seines Vaters im Straßenverkehr, da der SUV auf der Kreuzung zuvor nicht sichtbar zu sein schien. Zum anderen bleibt es bei dieser sachlichen und knappen Schuldzuweisung, indem der Unfallgegner nur in Form des anonymen SUV genannt wird und damit anonym bleibt. Wie es Deppermann und Lucius-Hoene (2005, S. 52) in ihrer Analyse einer Darstellung eines traumatischen Verkehrsunfalls zeigen, ist auch innerhalb Mirkos Darstellung zu erkennen, welche sprachlichen Verfahren für eine Entpersönlichung der Unfallbeteiligten verwendet werden: So zeigt der Jugendliche weder einen Affekt noch fügt er weitere Details zur Schuldzuschreibung, zu einer möglichen Personencharakterisierung oder zur Erklärung der Unfallursache an. Indem er das Fahrzeug als Akteur darstellt, vollzieht er die Entpersönlichung des Unfallverursachers oder der Unfallverursacherin, sodass der Unfall eher als schicksalhaftes Geschehen geschildert wird (und nicht als menschliches Versagen aufseiten der Person, die den SUV fuhr).

Im Gegensatz zu der bereits aufgezeigten agentivischen Selbstdarstellung in der Erzählung von Timon erkennt man in Mirkos berichtartiger Darstellung des konkreten tödlichen Unfallhergangs, dass der Jugendliche in keiner Weise darin vorkommt – weder als handelnder Akteur noch im Hinblick auf seine subjektive Perspektive auf das Unfallgeschehen. Eine Thematisierung von Handlungsverantwortung oder der Schuldfrage (Schwabe, 2006, S. 206) oder eine grundsätzliche Bezugnahme auf die erfahrene Ungerechtigkeit wird von Mirko sowohl in dieser Sequenz als auch im gesamten Interview nicht initiiert.

Aus psychologischer Sicht könnte es sein, dass Mirko unbedingt vermeiden will, sich mit menschlichem Versagen zu beschäftigen. So positioniert der Jugendliche keine Person, sondern ein Objekt als Handlungsträger, einen Gegenstand, den SUV, der allein gar nicht handeln kann. Es fällt also auf, dass Mirko niemanden anklagt – im Gegensatz zu erwachsenen Hinterbliebenen von Unfallopfern. Die Tatsache des Todes wirkt akzeptiert. Die Beobachtung der sprachlichen Oberfläche zeigt Unterschiede in Mirkos Darstellungsmöglichkeiten: An der Stelle, an der er über seine Reaktionen nach dem Todesfall spricht, kann er erzählen (siehe auch Abschnitt »Formen der narrativen Darstellung«). Über den Unfallhergang an sich erzählt er nicht, sondern erstattet einen Bericht. Auch als die Interviewerin den Unfallhergang explizit fokussiert, geht er darauf nicht ein, sondern antwortet mit »nee nee«, so als wollte er vermitteln: Ich kann sagen, wie es mir geht, aber nicht, wie es war. Was als Akzeptanz gedeutet werden könnte, wenn man nur den Inhalt des Gesagten betrachtet, scheint bei der Analyse der sprachlichen Oberfläche und des fehlenden emotionalen Ausdrucks eher unsagbar, unerträglich, unvorstellbar zu sein.

Einige Zeit später im Interview führt die Interviewerin Mirkos Perspektive dann mit dem Unfall zusammen und fragt danach, wie er vom Unfall und Tod seines Vaters erfahren hat: »kannst du dich noch erINnern wie das WAR, wie du davon erFAHren hast von dem unfall?« (Z. 652) (siehe Abschnitt »Formen der narrativen Darstellung« für weitere Ausführungen). In Bezug auf Mirkos Darstellung des eigenen Verhaltens, nachdem er vom Tod seines Vaters erfahren hat, ist zu beobachten, dass er mehrmals auf eine tränenlose Reaktion verweist und er Weinen damit grundsätzlich implizit als positiv oder notwendig darstellt (Knerich u. Haagen, 2021): »ich (0.46) konnt auch gar nicht WEInen in diesem augen[blick;=]«. Kurze Zeit später im Interview refokussiert Mirko das Weinen dann erneut: »<<len> da kam keine einzige TRÄne;> … die kam erst SPÄter/ (dann) halbe stunde später als ich °hh dachte (0.34) also das ist jetzt wirklich wahr,«. Anhand dieser Äußerung lassen sich mithilfe des Agency-Konzepts interessante Rückschlüsse auf der Ebene der Handlungskontrolle tätigen. Mit dem Ausdruck »da kam keine einzige TRÄne« hat nicht Mirkos erzähltes Ich, sondern die Träne grammatische Agentivität, was auch als unpersönliche Formulierung betrachtet werden kann (Knerich u. Haagen, 2021). Indem das erzählte Ich hier also gerade nicht vorkommt (eine dazu konträre Äußerung wäre z. B.: »Ich habe keine einzige Träne geweint« / »Ich habe erst später geweint«), stellt sich Mirko hinsichtlich seiner emotionalen, expressiven Reaktion mit geringerer Handlungsfähigkeit dar – die Tränen scheinen sowohl in ihrer Abwesenheit als auch in ihrer Anwesenheit wenig kontrollierbar.

Das dritte und letzte Beispiel schließt an die Darstellung einer reduzierten Agency (Deppermann u. Lucius-Hoene, 2005) an und zeigt eine Sequenz, in der die sprechende Jugendliche selbst auf sprachlicher Oberfläche kaum sichtbar wird. In dem Aufsatz »Trauma erzählen – kommunikative, sprachliche und stimmliche Verfahren der Darstellung traumatischer Erlebnisse«

von Deppermann und Lucius-Hoene (2005) wird im Zusammenhang mit dem Konzept Agency die Darstellung von Handlungs- und *Erleidensbeteiligung* hinzugezogen. Eben diese Erleidensbeteiligung soll nun anhand einer letzten exemplarischen Sequenz aus dem Interview mit Judith veranschaulicht werden. Die folgende lange Sequenz kann dabei in zwei Abschnitte geteilt werden: Zunächst sprechen die beiden Gesprächspartnerinnen über Judiths emotionales Empfinden im Hinblick auf den Suizid ihres Vaters (Z. 740–762). Daran anschließend initiiert die Interviewerin eine Sequenz, in der sie beide über den Umgang mit diesen Emotionen sprechen (Z. 763–784).

```
740    KJ5:  (0.26) ja ich denke mal auch so nachm
              tod,
741           (0.31) denkt man auch dass er auch (-)
              leute MITreißt so-
742           (0.5) dass [e:r] nicht dr/_sehr EGOisch-
              tis in dem (-)
punkt_is.
743    I1:                     [<<p> hn_hm,>]
744           (0.87) FINden sie.=
745    KJ5:  =<<raue Stimme> ja.>
746    I1:   (0.7) wenn man sich SO das leben nimmt.=
747          =das IS egoistisch;
748    KJ5:  (0.28) ja: schon.=
749    I1:   [hm_hm;]
750    KJ5:  [=mein vater_dass] e:r nich:t da/ auch
              dran DENKT dass_es
auch ANdere (.) verletzt;
751    I1:   ja;=
752    KJ5:  =ja.
753    I1:   (0.93) das_is ihnen über!HAUPT! nicht
              egal.
```

```
754    KJ5:   <<pp / zittrige Stimme> ja;>
755    I1:    <<p> ja.>
756    KJ5:   (1.4) <<pp / dünne Stimme> ja.>
757    I1:    hm_hm.=
758           =<<dim> da ÄRgern sie sich [auch über
              ihn.>]
759    KJ5:   [ja;]
760           JA.
761    I1:    (0.32) hm_hm;
762           (1.85) <<p> HM_hm.>
763           (1.02) <<pp> wo_wo/ wie geh/ (-) wie gehn
              sie mit_dem ÄRger
um (xxx/);>
764    KJ5:   (0.91) ahm es geht in !TRAU!er (.)
              [irgendwann] (-) hinein,
765    I1:    [<<p> hm_hm.>]
766    KJ5:   (0.27) und man FRISST es sich/ in sich
              hinein;
767    I1:    [hm_hm;]
768    KJ5:   [man] hälts für SICH-
769    I1:    (-) HM_hm.
770    KJ5:   man REdet_äh WEnig drüber,
771    I1:    hm_hm;
772    KJ5:   [((unverständlich, ca. 1 Sek))]
773    I1:    [ist SCHWER dadrüber zu reden]_über
              ÄRger [ne?]
774    KJ5:   [JA_a.]
775    I1:    (-) HM_hm-
776           (0.56)
777    KJ5:   so:;
778           (0.48) und dann hatte man FRÜHer auch/
              so (jetzt) bei der
beerdigung hatten wir_n lied?
```

```
779    I1:    (-) hm_hm,
780    KJ5:   was immer (öfter dann) geSPIELT wurde da,
781           (-) und das hat man sich auch öfters
              immer ANgehört [so-]
782    I1:    [hm_hm;]
783    KJ5:   (0.38) ja;
784    I1:    (3.1) <<p> hm_hm;>
```

Sowohl in der Äußerung »ja ich denke mal auch so nachm tod,
(0.31) denkt man auch dass er auch (-) leute MITreißt so-« als
auch in dem kurze Zeit später getätigten Redebeitrag »[=mein
vater_dass] e:r nich:t da/ auch dran DENKT dass_es auch ANdere
(.) verletzt;« verweist Judith auf die Konsequenzen des Suizids
ihres Vaters und lässt dabei tiefgehende Emotionen erahnen, die
sie jedoch nicht explizit auf sich bezieht: Judith verweist auf ver-
allgemeinerte, vage Platzhalter (»Leute«, »andere«), die die Folgen des Suizid erleiden. Judith umgeht damit eine explizite Form,
mit der sie selbst als verletzte Hinterbliebene sprachlich mani-
fest werden könnte – die Erleidensbeteiligung an sich wird zwar
vor allem durch die intensivierenden Verben »mitreißen« und
»verletzen« dargestellt, aber nicht explizit als eigene markiert.

Im zweiten Teil des Transkriptausschnitts initiiert die Interviewerin dann eine Nachfrage, die die Jugendliche auf Handlungsebene mehr in den Fokus rückt:

```
763           (1.02) <<pp> wo_wo/ wie geh/ (-) wie gehn
              sie mit_dem ÄRger
um (xxx/);>
764    KJ5:   (0.91) ahm es geht in !TRAU!er (.)
              [irgendwann] (-) hinein,
```

Bezieht man die wortwörtliche Frage der Interviewerin mit ein,
erscheint Judiths Antwort unter dem Aspekt Agency umso auf-

fälliger: Während die Interviewerin Judith direkt adressiert (»wie gehen Sie mit dem Ärger um?«), benutzt Judith den Platzhalter »es«, vermeidet im Zusammenhang mit ihrer Antwort erneut eine explizite Bezugnahme auf ihren eigenen Emotionsausdruck und lässt dadurch kaum sichtbare Handlungsfähigkeit oder Erleidensbeteiligung erkennen. Sie nimmt keinen erwartbaren, handlungsorientierten Bezug zu einer möglichen aktiven Umgangsform, sondern verweist auf einen scheinbar von ihr abgelösten emotionalen Prozess; die Emotion Ärger (»es«) besitzt hier grammatische Agentivität.

Die stark reduzierte Agency wird zuletzt durch die darauffolgende deutlich sichtbare Ansammlung der Verwendung »man« in den Zeilen 766, 768, 770, 778 und 781 erkennbar. Wie bereits die oben angeführten Pronomen »es« und »andere« und das Nomen »Leute« hat auch das Indefinitpronomen »man« eine ersetzende Funktion: Durch diese sogenannten Prowörter kann so entpersönlichter Bezug auf Personen oder Sachverhalte genommen werden, ohne diese selbst bezeichnen zu müssen. Die erste Person Singular kommt im direkten Gesprächszusammenhang mit eigenen Emotionen nicht einmal vor – die Erleidensbeteiligung von Judith lässt sich zwar erschließen, wird aber auf sprachlicher Oberfläche nicht explizit manifestiert.

Durch die in diesem Kapitel fokussierte Analysekategorie Agency sollte aufgezeigt werden, anhand welcher sprachlicher Mittel Sprecherinnen und Sprecher sich selbst innerhalb ihrer Darstellungen unterschiedlich handlungsbezogen positionieren können. Dies kommt besonders innerhalb des Erzählens vor: »Das Erzählen bildet dabei den Endpunkt eines mehrschrittigen Bearbeitungsprozesses, der vom ursprünglichen Ereignis über dessen subjektives Erleben und die Erinnerung reicht« (Schwabe, 2006, S. 202). Im Folgenden möchten wir deshalb nun den Blick auf das Erzählen an sich richten.

2.5 Erzählen und Berichten

In allen Interviews stellen die Jugendlichen ihre Erlebnisse dar, in verschiedenen Formen, nicht immer als episodische Erzählung, aber stets mit narrativen Elementen (ausführlich zum Erzählen siehe Abschnitt »Erzählungen von Jugendlicher im Kontext existenzieller Erfahrungen«). In der reichhaltigen psychologischen Literatur bestehen Scheidt (2016, S. 26) zufolge »kaum noch begründete Zweifel an der Tatsache, dass sprachlich vermittelte Selbstoffenbarung in Bezug auf emotionale Belastungen eine effektive Form der Bewältigung darstellt«. Aus Einzelerzählungen ist es jedoch nicht unmittelbar möglich, auf die Bewältigung zu schließen, dafür muss die gewohnheitsmäßige Erzählweise der jeweiligen Person und ihre Erzählkompetenz bekannt sein (siehe auch Kapitel 1.3). Für unser Pilotkorpus beobachten wir daher den interaktiven Prozess des Erzählens am Transkript. Damit nehmen wir das konstruktive Element des Erzählens in den Blick, das heißt, *wie* die erzählende Person ihre Erlebnisse in der jeweiligen Erzählsituation für die jeweiligen Zuhörenden rekonstruiert. Denn jede Erzählinteraktion enthält »die Möglichkeit der Variation und der Neu-Arrangierung – je nach dem Kontext und den Gestaltungsmöglichkeiten des Erzählers, seinen bewussten und unbewussten Motiven, je nach Erzählsituation und Adressaten« (Scheidt, 2016, S. 27).

Dabei können am Transkript in der konkreten Erzählung sprachlich-kommunikative Aktualisierungs- und Distanzierungsverfahren beobachtet werden. Diese werden von Scheidt (2016) auf einen zwischen diesen Polen oszillierenden Trauerprozess bezogen. Dabei »sind sowohl in der Aktualisierung wie in der Distanzierung Momente zu unterscheiden, die im Hinblick auf den Verlauf des Trauerprozesses mehr oder weniger adaptiv sind« (Scheidt, 2016, S. 24). Während ein ausreichendes Maß an Aktualisierung für den Trauerprozess notwendig ist, kann durch starke

Aktualisierung der Verlust so vergegenwärtigt werden, dass die Betroffenen von Gefühlen überflutet werden. Ebenso gilt eine starke Distanzierung als problematisch, weil der Verlust verleugnet oder Emotionen abgespalten werden. Eine gewisse Distanzierung dagegen ist notwendig, um den Verlust einordnen zu können und das eigene Leben neu zu bewerten (Scheidt, 2016).

Scheidt (2016) bezieht sich hier auf ein neueres Trauermodell der niederländischen Psychologen Stroebe und Schut, das die Autoren 1999 nach Sichtung der einschlägigen Literatur zu Verlusterfahrungen und Stress vorgeschlagen haben: das duale Prozessmodell der Bewältigung von Verlusterfahrungen (Übersicht bei Müller u. Willmann, 2016). Darin wird das Konzept der Trauerarbeit kritisiert, wobei davon ausgegangen wird, dass es sich bei Trauerarbeit um einen rein kognitiven Vorgang handele. Wie in Kapitel 1 dargelegt, ging Freud bei der Trauerarbeit nicht von einer aktiven, bewussten Entscheidung, »sich an die Arbeit zu machen«, aus, wie es häufig missverständlich angenommen wird, sondern er bezog sich auf die unbewussten Prozesse, die von der Beziehung der Hinterbliebenen zum Verstorbenen abhängen. In ihrem Modell beschreiben Stroebe und Schut (1999, 2010), wie Hinterbliebene zwischen »Verlustorientierung« und »Restitutionsorientierung« hin- und herpendeln können und beide Bewegungen positive oder auch negative Bedeutungen haben können, das heißt, sie können der Bewältigung dienen oder Stress auslösen. Gelingt es, dass Hinterbliebene zwischen den beiden Positionen hin- und herpendeln, ist die Bewältigung des Verlustes leichter. Dies konnte in einigen empirischen Studien inzwischen nachgewiesen werden (Müller u. Willmann, 2016). Verlustorientierung und Restitutionsorientierung wurden in interdisziplinärer Zusammenarbeit von Linguistinnen und Psychotherapeutinnen als Aktualisierung und Distanzierung gefasst und mit dem Erzählen bzw. der Narrativierung der Verlusterfahrung in Zusammenhang gebracht (vgl. Scheidt, 2016).

Gesprächsanalytisch wurde die Ausprägung der Aktualisierung von Stukenbrock (2013, 2015) beschrieben, sie arbeitet drei narrative Gestaltungstypen heraus:

(1) erzählerische Aktualisierung mit Zusammenbruch der narrativen Rekonstruktion, weil die Re-Aktualisierung so stark ist, dass die damaligen Gefühle die Erzählerin in der aktuellen Zeit überwältigen;

(2) Distanzierung, mit der sich die Erzählerin zunehmend von der eigenen Perspektive und damit auch von der narrativen Form entfernt;

(3) eine strukturell und sprachlich-kommunikativ wohlgestaltete narrative Rekonstruktion, mit der die Erzählerin ein sehr belastendes Ereignis im Kontakt mit der Zuhörerin auf zum Teil sogar humorvolle Weise episodisch erzählt.

Eine große Zahl sprachlich-kommunikativer Mittel bilden als Cluster den jeweiligen Gestaltungstyp.

In unserem Datenmaterial haben sich diese drei narrativen Gestaltungstypen so nicht gefunden, wir haben jedoch etliche Mittel der Aktualisierung und Distanzierung mit der Darstellung der Ereignisse in Beziehung gesetzt (Knerich u. Haagen, 2021). Wir wollen nun zunächst die Formen der Schilderung für die einzelnen Jugendlichen individuell darstellen und dies dann anhand der sprachlich-kommunikativen Aktualisierung und Distanzierung zusammenfassen.

Formen der narrativen Darstellung

Temmo, Timon und Tanja wählen die Form der episodischen Erzählung, Mirko berichtet und erzählt, während Judith durch die Interviewerin unterstützt sowohl Aspekte narrativ rekonstruiert als auch an der Frage von (Nicht-)Wissen arbeitet. Wir stellen im Folgenden die verschiedenen Darstellungsformen an kürzeren Ausschnitten exemplarisch dar.

Temmo erzählt komplex und mit Kommentaren und Reflexionen angereichert

Temmo (KJ1) produziert eine selbstinitiierte und -durchgeführte komplexe narrative Rekonstruktion. Dabei erzählt er abwechselnd das Geschehen und emotionale »szenenhafte Bilder«. Dies reichert er zum einen mit reflektierenden Formulierungen an, mit denen er die aktuelle Situation der Erzählzeit mit der erzählten Zeit verbindet, zum anderen mit Regelformulierungen und Hintergrundinformationen, mit denen er die Interviewerin einbezieht. So erzeugt Temmo eine in sich abgeschlossene komplexe narrative Gesamtgestalt, was I1 mit Hörsignalen unterstützt.

Am folgenden kurzen Ausschnitt sind alle Aspekte von Temmos Erzählung gut zu erkennen. Mit der Wiedergabe der Handlung in Zeile 149 und Zeile 183 erzählt Temmo das Geschehen, das heißt, er bearbeitet die Erzählaufgabe, seinem Gegenüber die Chronologie des Geschehens verständlich zu machen und vor Augen zu führen (er setzte sich auf sein Bett und guckte das Foto an, seine Mutter rief seinen Onkel an, der mit seiner Ex-Frau vorbeikam). Mit der Handlung rahmt Temmo erstens ein emotionales szenenhaftes Bild, zweitens eine Erläuterung seiner Emotionen und drittens einen reflektierenden Kommentar.

```
149   KJ1:  und wiederum setzt ich mich dann auf
             mein bett,
150          und guckte (.) auf das äh FOto von
             mein_m vater,
151          als er mich als (0.8) [auf_m arm hielt,]
152   I1:                         [hm_hm.]
                                   hm_hm,
153   KJ1:  und musste naTÜRlich auch wein_n_völlig
             klar;
154          [ja,]
```

```
155   I1:    [hm_hm;]
156          hm_hm-
```

Er beginnt hier einen weiteren Abschnitt des Abends, an dem
die Familie die Todesnachricht erhielt, mit seiner Handlung,
sich auf sein Bett zu setzen. Sein Weinen beim Betrachten des
Fotos von seinem Vater mit ihm im Arm hat die Qualität eines
emotionalen szenenhaften Bildes (Z. 150–153). Dieses Weinen kommentiert er darüber hinaus als Selbstverständlichkeit
(Z. 153, »völlig klar«). Nach einer Sequenz der gegenseitigen
Bestätigung, in der die Interviewerin in der Zuhörposition bleibt
(Z. 154–156) verlässt Temmo die episodisch-narrative Rekonstruktion:

```
157   KJ1:   und da_da_das tat mir eigentlich so am
             MEIsten weh,=
158          =(wenn ich daran so denk immer)
159   I1:    hm_hm;
160   KJ1:   du/ du kannst/ (.) du kannst dein_n
             VAter nicht mehr sehn,
161          also wir ham_n dann noch einmal (.) auf-
             bahren [lassen]
162   I1:              [hm_hm,]
163   KJ1:   und dann ge[sehen;]
164   I1:                 [hm_hm,]
165   KJ1:   (1.1) und äh (.) wiederum du kannst ihn
             nur noch auf FOtos sehn,
166          und hast halt nur noch deine erinnerung
             [an ihn,]
167   I1:    [hm_hm;]
168   KJ1:   was ich (.)
169   I1:    hm_hm;
170   KJ1:   auch immer noch echt (-) SCHEISse finde;
```

```
171   I1:    hm_hm;
172   KJ1:   (und) [das is-]
173   I1:         [hm_hm,]
```

Er beginnt sein Weinen zu erläutern, zunächst noch in der Vergangenheitsform, dann wechselt er allerdings in die Gegenwart: Der Schmerz hängt mit dem Gedanken zusammen, dass er seinen Vater nicht mehr sehen kann. Diesen gibt er in der zweiten Person Singular wieder, als spräche er mit sich selbst (Z. 157–160). Dies schränkt er ein mit der an die Interviewerin gerichtete Information, dass er seinen Vater bei der Aufbahrung noch einmal gesehen hat und ihn jetzt aber nur noch auf Fotos sehen kann. Dieses sehr wörtliche Verständnis von »Ich kann meinen Vater nicht mehr sehen« erweitert er dann auf: »hast halt nur noch deine erinnerung [an ihn,]« (Z. 166). Dann schließt er den Rahmen der Emotionsdarstellung mit einer emotionalen Bewertung, hier wechselt er wieder in die erste Person Singular: »was ich (.) auch immer noch echt (-) SCHEISse finde;« (Z. 168–170). Die Interviewerin begleitet dies eng mit Hörsignalen, auch den Abbruch einer Äußerung, die eine weitere Erläuterung einleiten könnte (Z. 172). Hier wechselt Temmo dann erneut in eine Position des reflektierenden Kommentierens:

```
174   KJ1:   natürlich wär_er irgendwann gestorben.=
175          =aber °h ich mein es hätte (nur hier)
             gereicht
             wenn er noch (.) ich sag mal (0.3) acht-
             zig (.) NEUNzig (0.7)
176          das wär schon_n REkord fast in unserer
             familie,=
177          =also °h [das] hätte mich dann doch
             glücklicher
178   I1:            [hm_hm,]
```

```
179    KJ1:   gemacht_natürlich;
180    I1:    hm_hm;=
181    KJ1:   [<<p> und dann>] und wie gesagt
182    I1:    [=hm_hm;¯
183    KJ1:   d_d_dann (.) rufte meine mutter halt
              meinen Onkel an,
184           und sagte halt dann,
185           anstatt (.) einfach zu SAgen <<all>
              kannste bitte komm_n,>
186           sagte mama °hh gleich was SAche is,
187           is vielleicht auch besser so;
188    I1:    hm_hm;
189    KJ1:   dann kam er halt mit seiner ex_frau an,
```

Temmo zeigt mit seiner Reflexion, dass er sich dessen bewusst ist, dass sein Vater sterblich ist, dass er sich aber dennoch gewünscht hätte, dass sein Vater ein sehr hohes Alter erreicht, sogar ein Rekordalter für seine Familie (Z. 176). Mit diesem Szenario zeigt er, wie sehr er seinen Vater vermisst. Er ordnet dies darüber hinaus explizit emotional ein: Hypothetisch hätte es ihn glücklicher gemacht (Z. 177–179). Auch diese zum tatsächlichen Schmerz und negativer Bewertung alternative Emotion stellt er wieder als Selbstverständlichkeit dar (»natürlich«, Z. 179). Mit der formelhaften Wendung »wie gesagt« verweist er auf gemeinsames Wissen und leitet zurück zur nächsten Handlung, den Anruf der Mutter beim Onkel, den er kurz kritisch-abwägend kommentiert (»anstatt einfach […] ist vielleicht auch besser so«). Das Eintreffen des Onkels bildet den nächsten Schritt im Verlauf des dargestellten Geschehens.

In dieser Weise gestaltet Temmo die Erzählung des Abends der Todesnachricht als komplexe Rekonstruktion: Erzählend im engeren Sinne sind narrative Handlungsvorschübe, die er zum Teil szenisch ausgestaltet und die den Ablauf des Geschehens erkennbar machen. Mit der Rekonstruktion »szenenhafter Bilder« macht er seinem Gegenüber emotionale Szenen zugänglich. Dies verknüpft er mit Reflexionen in der Erzählzeit, Hintergrundinformationen, Regelformulierungen, Kommentaren und Bewertungen, die nicht im engeren Sinn narrativ sind, die er aber in die Erzählung einbettet. Er moduliert so zwischen Aktualisierung und Distanzierung, die Interviewerin begleitet dies ausschließlich mit Hörsignalen.

Timon erzählt szenisch-episodisch und emotional

Anders als Temmo verwendet Timon (KJ3) keine reflektierenden Kommentare, sondern stellt den Tod seines Vaters, den er miterlebt hat, vorwiegend episodisch-narrativ dar (siehe auch Kapitel 2.4). Timon gestaltet die Chronologie und die Abläufe mit sprachlich-kommunikativen Mitteln wie Redewiedergabe und narrativer Dramatisierung, mit denen er seine Erzählung emotional gestaltet. Er behält seine Perspektive als erzählendes Ich durchgehend bei, ohne aus der aktuellen Situation zu kommentieren. Damit bezieht er die Interviewerin vor allem in den Ablauf des damaligen Geschehens und in seinen Schock mit ein.

Mit Blick auf den Übergang zwischen dem Gesprächseinstieg, den wir in Kapitel 2.2 bereits genauer analysiert haben, und der dramatisch gestalteten narrativen Rekonstruktion, wirkt Timon – zusammengefasst – bei der Frage, wo er anfangen soll, unbelastet und frei und er bietet der Interviewerin eine scheinbar freie Wahl. Gemäß dem Forschungsinteresse überlässt sie aber dem Jugendlichen die Wahl, wo und wie er beginnen möchte. Durch dieses »Vorgeplänkel« entsteht eine lockere Atmosphäre, die nichts von den dramatischen Ereignissen vorausahnen lässt. Dann folgt die schockierende Erzählung. Dies könnte als ein Spiegelprozess des erzählten Ereignisses verstanden werden, bei dem die Familie nichts ahnend in der »Freiheit« des Urlaubs vom Tod des Vaters getroffen wird.

Tanja erzählt mit viel Unterstützung

Im Gespräch mit Tanja berichtet die Jugendliche zunächst distanzierter und erzählt dann im weiteren Verlauf auch. Sie wird dabei von der Interviewerin intensiv unterstützt, sodass die beiden die Ereignisse gemeinsam rekonstruieren. Dabei moduliert die Interviewerin I2 zwischen erzählter Zeit und Erzählzeit, darüber hinaus bestätigt sie Tanjas Ausführungen, setzt diese fort oder übernimmt sogar Aspekte der narrativen Rekonstruktion oder des Bereitstellens von Hintergrundinformationen. So entsteht eine sehr enge Ko-Konstruktion, bei der klar wird, dass Tanja an keiner Stelle der Darstellung allein ist.

Zu Beginn erzählt Tanja kurz im Überblick, dass ihr Vater ganz plötzlich gestorben ist, als sie 14 Jahre alt war. Sie geht direkt im Anschluss genauer darauf ein, dass ihr Vater noch im Krankenhaus im künstlichen Koma lag, und wechselt dann zu ihrer eigenen Perspektive:

```
048   KJ2:   und am nächsten ta:g (---) ähm (0.74)
             wollte ich eigentlich
             wieder zur schule gehen,
049          er war noch nich (-) tot?=
050          =aber (0.93) ich wollte:_s eigentlich so
             <<lachend> ignorieren,
051          (.) so_n->
052   I2:    <<dim> hm_hm;>
053   KJ2:   <<f> und dann meinte meine mutter> dass
             ich (.) vielleicht doch
             mit ihr in_s krankenhaus gehen sollte-
054          und dann is er da: (.) gestorben,
055          (-) und ich war dabei.
056          (--)
057   I2:    <<pp> du warst dabei.>
058          (-)
```

```
059    I2:    <<pp> okay.> °hh
060           (1.2)
061    I2:    puh.
062    KJ2:   ((lacht))
```

Tanja erzählt hier nicht so detailliert wie Temmo und Timon,
sie macht ihre eigene Perspektive aber deutlich, indem sie erst
erzählt, dass sie zur Schule gehen wollte, als ihr Vater im Krankenhaus im Sterben lag, und bezeichnet dies als »ignorieren
wollen«. Obwohl sie hier sprachlich in der narrativen Rekonstruktion bleibt, wirkt dies wie ein einordnender Kommentar
aus der heutigen Perspektive. Die Interviewerin bestätigt dies
mit einem leisen Hörsignal. Dann erzählt Tanja den Kern der
Sache in einem kurzen narrativen Fragment (Z. 53–55). Die
Verdichtung entsteht dadurch, dass Tanja zum einen nur die
zentralen Aspekte nennt, also hier nicht narrativ detailliert ausführt wie beispielsweise Temmo, und zum anderen die Äußerung der Mutter in indirekter Rede wiedergibt, anstatt sie zu
re-inszenieren. Tanja beendet ihr Erzählfragment ganz eindeutig mit tief fallender Intonation; mit der Pause vor dem zentralen Aspekt markiert sie dessen Relevanz: »(-) und ich war
dabei« (Z. 55). Die Interviewerin übernimmt nicht sofort das
Rederecht, Tanja setzt aber auch nicht fort, sodass eine Pause
entsteht (Z. 56).

Dann wiederholt die Interviewerin wörtlich und ebenfalls
mit äußerungsbeendender tief fallender Intonation: »du warst
dabei.« Sie verändert nur das Personalpronomen und spricht
mit sehr leiser Stimme. Auch hier gibt sie Tanja die Möglichkeit zur Fortsetzung, es entsteht wieder eine kurze Pause. Auch
nach dieser Pause bestätigt die Interviewerin erneut mit tief
fallender Intonation. Sie atmet zwar hörbar ein, setzt aber wieder nicht fort, woraufhin eine längere Pause entsteht (Z. 60).
Mit dieser Pausenstruktur und mit den wiederholten Zustim-

mungssignalen bestätigt sie die von Tanja gesetzte Relevanz. Im nächsten Schritt markiert die Interviewerin dann die emotionale Qualität mit dem affektiv gefärbten Ratifizierungssignal »puh« (Z. 61). Tanjas folgendes Lachen weist hier nicht auf Erheiterung hin, sondern eher auf eine positive Aufnahme der affektiven Bestätigung.

Als Tanja auch hier nicht fortsetzt, reagiert die Interviewerin erneut mit einem abschließenden Hörsignal und wechselt dann in die Perspektive der Erzählzeit (Z. 64):

```
063   I2:   <<p> ja:.>
064         wie_wie ist das wenn du das so erZÄHLST
            jetzt,
065   KJ2:  (0.61) ja: das ist halt (--) <<all> ganz
            komisch> weil ich hab
            (--) ja eigentlich erzählt dass_ich dar-
            über hinweg bin;=
066         =so dass ich gar nicht mehr so da viel
            (--) d_rüber nachdenke;=
067         =aber es ist schon schön_das (-) zu
            erzählen;
```

Hier ergreift Tanja dann das Wort und bewertet das Erzählen zunächst als komisch, was sie begründet, dann abschließend als »schon schön« (Z. 65–67). An dieser Stelle übernimmt also die Interviewerin die Aufgabe, zwischen erzählter Zeit und Erzählzeit zu wechseln, nachdem die Gesprächspartnerinnen gemeinsam Relevanz von Tanjas Anwesenheit beim Tod ihres Vaters im Krankenhaus etabliert haben.

Im Folgenden rekonstruieren die beiden gemeinsam genauer, was passiert ist und was Tanja erlebt hat. Die Interviewerin fragt zunächst danach, wie Tanja davon erfahren hat, dass ihr Vater im Krankenhaus lag. Tanja erzählt, dass ihre große Schwester

ihr nur gesagt hat, sie soll ihre Mutter anrufen, und diese es ihr
dann am Telefon mitgeteilt hat. Dann fragt die Interviewerin,
wie Tanja sich an diesen Moment erinnert:

```
172   I2:    das is ja vier ja_VIEReinhalb jahre her,=
173          =aber das is ja_n (.) moMENT den man ja
             auch vielleicht
             nicht vergisst,=
174          =ich weiß nich wie-
175          (--) [kannst du dich erinnern,]
176   KJ2:       [also ich hab-]
177          (-) ja: ich hab (1.58) sofort angefangen
             zu WEInen;=
178          =eigentlich (.) relativ schnell reagiert
             fand ich,
179   I2:    <<p> hm_hm;>
180   KJ2:   jetzt im nachhinein weil: (.) normaler-
             weise würde man ja
             denken dass man so (--) gar nich: (.)
             WAHRnimmt was
             passiert,
181   I2:    hm_hm,
182   KJ2:   ich hab relativ schnell reagiert und
             dann (1.1) war halt
             NIEmand da:;=
183          =also ich versteh mich nich so gro/ (.)
             gut mit meiner
             [schwester,]
184   I2:    [<<p> hm>]
185   KJ2:   deswegen: war halt niemand da mit dem
             ich irgendwie (0.83)
             sofort_dem ich sofort in die arme gelau-
             fen wäre_oder so;
```

```
186    I2:    [<<p> hm_hm;>]
187    KJ2:   [weil meine mutter] halt im krankenhaus
              war,
```

Tanja beginnt schon in der Überlappung zu erzählen, dass sie
sofort angefangen hat zu weinen (Z. 177), und bewertet dies
dann – explizit nachträglich – aus der Erzählzeit: »eigentlich
relativ schnell reagiert fand ich, jetzt im Nachhinein«. Dies
begründet sie mit einer Normalannahme und wiederholt es,
sodass das rasche Reagieren eine gewisse Relevanz bekommt
(Z. 178–182). Auch dass niemand da war, dem sie »sofort in die
Arme gelaufen wäre«, begründet sie mit dem eher schlechten
Verhältnis zu ihrer Schwester und der Abwesenheit ihrer Mutter. Sie gibt der Interviewerin also eine Hintergrundinformation.

Dann erzählt sie, wie sie weinend und fast unfähig zu sprechen ihre beste Freundin angerufen hat, und beschreibt diese
Szene detailliert (Z. 183–190):

```
188    KJ2:   (0.76) dann hab ich meine beste freundin
              angerufen;
189           (0.68) (und)_eigentlich konnte ich gar
              nicht_e SAgen;=
190           =also <<wie lachend> ich hab einfach nur
              so geweint und das
              (.) so SCHLUCHz_d grad mal so heraus
              [gebracht>_aber-]
191    I2:    [<<p> hm_hm,>]
192    KJ2:   (0.82) me:hr (0.64) konnte ich gar [nich.]
193    I2:                                       [hm_hm;]
194    KJ2:   <<pp> machen in dem moment,>
195    I2:    also_das is ja erstmal (.) wenn ich das
              so_hö:r,
196           ja ganz großartig;
```

```
197            diese (0.55) FÄHigkeit dann;
198            (--) auch zu reagieren [jemanden ANzu-
               rufen.]
199   KJ2:                           [ja_ja.]
200            hm_hm,
```

Die Jugendliche beendet diese Sequenz der längeren narrativen
Rekonstruktion ganz explizit mit der in zwei Schritten formulierten abschließenden Aussage: »me:hr (0.64) konnte ich gar
nich. <<pp> machen in dem moment,>« (Z. 192–194). Während
die Interviewerin Tanja bis hierhin mit Hörsignalen begleitet
hat, übernimmt sie nun sofort mit einer expliziten Bewertung
von Tanjas Reaktion als »ganz großartig« (Z. 195–198). Damit
greift sie das schnelle Reagieren auf, das Tanja bereits relevant
gesetzt hatte, und bewertet es explizit sehr positiv. Tanja bestätigt dies mit einem Zustimmungssignal und einem Hörersignal
und stimmt dem im Weiteren noch ausführlicher zu mit den
Worten: »also ich bin echt beeindruckt von der Situation- wie
ich damit umgegangen bin; so schnell« (Z. 203–206).

Insgesamt kann festgehalten werden, dass die Interviewerin
weitestgehend die Strukturierung der narrativen Rekonstruktion übernimmt, indem sie immer wieder Fragen zum weiteren
Ablauf stellt. Zudem wechselt sie in die Erzählzeit, bewertet und
bestätigt Bewertungen. Dabei orientiert sie sich manchmal eng
an den Aspekten, die die Jugendliche relevant gesetzt hat, sie
bringt aber auch eigene Aspekte ein. Stellenweise übernimmt
die Interviewerin sogar inhaltliche Aspekte, die Tanja in einigen Fällen korrigieren muss. In diesem unterstützenden Rahmen erzählt Tanja bereitwillig und detailliert. Sie liefert zudem
in einigen Sequenzen Hintergrundinformationen, in anderen Sequenzen erfragt die Interviewerin diese auch. Über die
gesamte Zeit des Gesprächs entstehen so mehrere längere Erzählungen, die sich durch eine sehr ausgeprägte Ko-Konstruktion

auszeichnen: Unter Ko-Konstruktion an sich versteht man das fortlaufende gemeinsame Herstellen von Gesprächsinhalten und Gesprächsstrukturen. Beim Erzählen generell ist eine Person zuständig für die Erzählung, die andere für die Unterstützung aus der Zuhörposition (siehe auch Kapitel 1.3). Eine ausgeprägtere Ko-Konstruktion geht wie in diesem Fall darüber hinaus, das heißt, die Zuhörerin übernimmt erzählerische Aufgaben.

Mirko berichtet zuerst und erzählt später szenisch-episodisch

Mirko wählt am Gesprächsbeginn eine berichtende Darstellungsweise ohne eine eigene Perspektive des erzählten Ichs, um darzustellen, was seinem Vater widerfahren ist (genauere Analysen siehe Kapitel 2.3 und 2.4). Später im Gespräch geht er auf die Erzähleinladung der Interviewerin ein und rekonstruiert episodisch-narrativ, wie er vom Unfall und vom Tod seines Vaters erfahren hat. Dabei bleibt er vorwiegend bei der Perspektive des erzählten Ichs, er kommentiert aber auch aus der aktuellen Situation heraus und verwendet zudem distanzierende sprachliche Mittel.

Diese zweite Erzählung beginnt mit einer Erzählaufforderung der Interviewerin, sie fragt explizit nach Mirkos eigener Erfahrung:

```
652   I1:   (2.84) hm/ hm/ hm/ kannst du dich noch
            erINnern
            wie das WAR,
653         wie du davon erFAHren hast von dem
            unfall?
654   KJ4:  (-) ja_a das war (0.5) das wa::r/
655         ich war halt schon zu HAUse-
656         (0.45) und meine mutter kommt halt immer
            n bisschen
            SPÄter-=
```

```
657        =und tobias auch;
658        (0.34) ((schmatzt)) und DANN war mama da?
659        (0.35) und (-) is EINkaufn gegangen,
660        (1.07) und war total lange weg,
661        und ich hab mich schon gewundert;=
662        =und hab_ich tobias gefragt
           warum ist mama so lange weg,=
663        =und er meinte (-) ja die hat äh: ne
           alte ARbeitskollegin wiedergefunden,
```

Mirko nimmt zunächst die Formulierung der Interviewerin aus Zeile 652 auf:»ja_a das war (0.5) das wa::r/«. Er zeigt mit der Pause, dem erneuten Ansatz der Formulierung und der Dehnung an, dass er an seiner Formulierung und an der Strukturierung der folgenden Geschichte arbeitet. Er bricht diese Formulierung ab und beginnt eindeutig eine längere narrative Rekonstruktion, indem er detailliert die Situation darstellt, in der er damals als erzähltes Ich war (Z. 655). Er gibt dann eine Hintergrundinformation in Form einer allgemeinen Regel, mit der er zunächst die Gewöhnlichkeit der Situation betont (Z. 656–657). Danach setzt er mit dem Geschehen, dass seine Mutter heimkam und dann einkaufen ging, fort (Z. 658–659). Mit der Länge der Abwesenheit seiner Mutter beginnt er das Ungewöhnliche der Situation in den Vordergrund zu stellen, was er zusätzlich mit seinem gedanklichen und emotionalen Zustand verstärkt und hochstuft:»und ich hab mich schon gewundert;« (Z. 661). Er inszeniert dann mittels direkter Redewiedergabe eine Szene, in der er sich mit seiner Verwunderung an den Lebenspartner seiner Mutter wendet, den wir hier Tobias nennen. Mirko gibt dabei seine Frage»warum ist Mama so lange weg?« und Tobias' Erklärung mit direkter Rede wieder.

Im weiteren Verlauf bleibt Mirko bei dieser Form der detaillierten szenisch-episodischen Erzählweise und nähert sich lang-

sam dem Geschehen an, wie er die Wohnung verlassen hat, um
für einen befreundeten Erwachsenen zu jonglieren, und dann
seine Mutter mit Polizisten um sie herum vorfand und seine
Mutter ihm sagte, dass sein Vater einen Unfall hatte.

```
685   KJ4:   (0.5) und dann hat [mama] mir das/
686   I1:                       [hm_hm;]
687   KJ4:   (-) hat mama mich so in ARM genommen,
688   KJ4:   (0.47) und mir das so (.) erZÄHLT;
689   I1:    (.) HM_hm;
690   KJ4:   (0.26) ähm (.) auch ganz (-) sanft_und
             so-=
             =dass ich das (0.64) sozusagen [GUT ver]
             trage-
691   I1:                                   [hm_hm.]
```

Hier wechselt Mirko dann schrittweise zur Perspektive seiner
Mutter: Er stellt das Umarmen als Handlung seiner Mutter dar
(Z. 687; eine mögliche alternative Formulierung könnte sein:
»Dann bin ich Mama in die Arme gelaufen«.) Er verwendet
auch anders als in der bisherigen Erzählung keine Redewiedergabe, sondert umschreibt es mit »und mir das so (.) erZÄHLT;«
mit einer kleinen Stockung als Handlung. Inhaltlich erzählt er
also nicht, was seine Mutter gesagt hat, auch Worte wie »Unfall«
oder »Tod« bleiben implizit, indem er mit »das« darauf Bezug
nimmt und damit auch auf das gemeinsame Wissen mit der
Interviewerin baut. Die Interviewerin unterstützt ihn hier mit
einem Hörsignal.

Danach verlässt Mirko eindeutig die Perspektive des erzählten Ichs, indem er beschreibt, dass sie es ihm »sanft« gesagt habe.
Er formuliert das Ziel seiner Mutter, dass er es »sozusagen gut
verträgt« (Z. 690). Die Fortsetzung beginnt dann mit »aber« wie
ein nicht ausformulierter Einwand.

```
692   KJ4:   [aber-] (0.35)
693   I1:    [<<p> hm_hm->]
694   KJ4:   ich (0.46) konnt auch gar nicht WEInen
             in diesem
             augen[blick;=]
695   I1:         [NEE/;]
696   KJ4:   =ich hab einfach nur geSCHRIEN_und
             dachte es
             kann nicht sein,=
697   KJ4:   =und [°hh]
698   I1:         [ja_a;]
699   KJ4:   ALles ist auf_einmal zusammengebrochn;=
700   KJ4:   =mein/ also ne halbe WELT für mich is
             (dann) gebrochn.
```

Die in Zeile 692 begonnene Formulierung eines Einwands setzt Mirko nicht fort, sondern er nimmt die Erzählung mit einer detaillierten und intensiven Darstellung seiner emotionalen Reaktion wieder auf und setzt seine durch Schreien ausgedrückte emotionale Überwältigung relevant: »ich konnt auch gar nicht weinen in diesem Augenblick, ich hab einfach nur geschrien«. Im Kontext des Beginns mit »aber« zeigt Mirko damit auch, dass er es trotz der von ihm formulierten guten Absicht seiner Mutter *nicht* gut vertragen hat (siehe auch Knerich u. Haagen, 2021). Im direkten Anschluss formuliert er seine Fassungslosigkeit mit Gedankenwiedergabe (Z. 696), einem weiteren erzählerischen Dramatisierungsmittel. Überlappend mit der Bestätigung »ja« der Interviewerin schließt er mit einer Bewertung in Form der konventionalisierten Formulierung »alles ist auf einmal zusammengebrochen« an (Z. 699). Hier wechselt er von der Vergangenheits- in die verallgemeinernde Gegenwartsform, von der Ich-Perspektive in eine allumfassende Perspektive, ohne sein Leiden persönlich zu formulieren (ein-

geschränkte Erleidensbeteiligung, siehe auch Kapitel 2.4). Dies
ändert er jedoch direkt anschließend, in dem er es zurückstuft
und auf sich selbst bezieht: »ne halbe WELT für mich is dann
gebrochen« (Z. 700).

Mirko schließt diese längere Erzählsequenz ab mit der
Schwierigkeit, den Tod seines Vaters zu realisieren. Im Unter-
schied zur Erzählung davor verwendet er hier unpersönliche
Formulierungen im Wechsel mit der Ich-Perspektive:

704	KJ4:	und ähm man konnte es halt gar nicht
		GLAUben;
705	I1:	(.) HM_hm.
706	KJ4:	(0.52) und das war SO ein schock_das/ (.)
		<<len> da kam keine einzige TRÄne;>
707	I1:	(-) ja;
708	KJ4:	die kam erst SPÄter/ (dann) halbe stunde
		später,
709		als ich °hh dachte-
710		(0.34) also das ist jetzt wirklich WAHR,
711		die polizei ist HIER (-) in unse_m/ (-)
		in unser wohnung;

Für die Formulierung der eigenen Ungläubigkeit verwendet
Mirko das unpersönliche Pronomen »man«, seinen Schock verortet er nicht konkret (»das war so ein Schock«), ohne sich auf
seine Person zu beziehen, und durch die Formulierung der aus-
bleibenden Tränen macht er eben diese zum Handlungsträger
(Z. 706; siehe auch Kapitel 2.4). Nach einer Pause und einem
Bestätigungssignal der Zuhörerin belässt er die Handlungsfähigkeit bei den Tränen, verbindet diese aber dann wieder mit
seinen eigenen Gedanken, die er erneut in der narrativen Form
der Gedankenwiedergabe formuliert (Z. 709–715).

Judith erzählt in reduzierter Weise

Judith rekonstruiert die Ereignisse gemeinsam mit der Interviewerin, allerdings im Unterschied zu Tanja ausschließlich durch die Interviewerin. Zudem steckt die Jugendliche den Zeitrahmen der erzählten Zeit deutlich enger und rekonstruiert teilweise nicht das erfragte eigene Erleben, sondern berichtet eher über ihren Vater.

Judith schließt ihren ersten Bericht über ihren Vater ab mit der unpersönlichen Formulierung: »und es ist noch relativ tief alles«. Sie ergänzt dies durch die Nennung der Unterstützung, die sie derzeit hat (Trauertherapie, Gespräche). Die Interviewerin fragt nach der Bedeutung der ersten Aussage, indem sie diese wiederholt (Z. 57):

```
057   I1:    was MEInen sie mit_<<imitierend> es ist
             noch alles relativ
             TIE:F->
058   KJ5:   (0.32) so gesagt es (0.24) IS noch bere/
             MERKbar (so gesagt);
059          es war ja je/ er war/ (.) hat nicht mehr
             bei uns gewohn,
060   I1:    (-) aha,
061   KJ5:   (--) äh:m (dann) er hat/ (-) <<all> er
             war jedes wochenende
             da;=>
062          =hat (jeden) einmal am tag ANgerufn,
063   I1:    (-) ja_a;
064   KJ5:   (0.34) und ja es ist noch am !WOCH!enende
             dass er KOMMT-
065          und (0.45) einfach (--) sich <<len> MEL-
             det;=>
066          [=und seine] stimme hö:rn-
067   I1:    [JA;]
```

```
068    KJ5:    (0.51) einfach;
069            (-) und auch immer DA is;
070    I1:     (0.56) also (0.42) es is so_wie wenn sie
               noch auf ihn WARten
               würden;=
071    KJ5:    =<<p / all, weiche Stimme> ja manchma,>
072    I1:     ja.
073            (---)
074    I1:     (aha); (1.08) und das kommt einem kOmisch
               vor_AUCH weil sie ja
               auch wissen <<dim> dass er nich mehr da
               [is.>]
075    KJ5:    [ja::]
```

Auf die Nachfrage der Interviewerin reformuliert Judith ihre
Äußerung »es ist noch tief« ebenfalls in unpersönlicher Weise
mit »so gesagt, es ist noch bemerkbar« (Z. 58) und schließt eine
kurze iterative, also zusammenfassende Erzählung darüber an,
wie der Kontakt mit ihrem Vater vor seinem Tod normalerweise
war. Auch hier ist vor allem der Vater der Handlungsträger: Er
hat nicht mehr bei seiner Familie gewohnt, er war jedes Wochenende da, er rief täglich an. Dagegen nimmt Judith keine Perspektive des erzählenden Ichs ein. Sie wechselt dann ins Präsens: »es
ist noch am Wochenende, dass er kommt, sich meldet, und seine
Stimme hörn einfach und auch immer da ist« (Z. 64–69). Judith
markiert die Perspektive hier nicht deutlich. Durch die Rahmung
bleibt klar, dass sie damit »es ist noch bemerkbar« erläutert. Weitestgehend wiederholt sie die erzählten üblichen Kontakthand-
lungen ihres Vaters in der Gegenwartsform, einmal wechselt sie
zu ihrer eigenen Perspektive, allerdings ohne das Personalpronomen »ich« zu verwenden (Z. 66 »und seine Stimme hörn«).
Die Interviewerin reformuliert dies mit »es ist so, wie wenn sie
noch auf ihn warten würden« (Z. 70). Dem stimmt Judith mit

Einschränkung zu, woraufhin die Interviewerin diese Einschränkung ausführt mit »das kommt einem komisch vor, auch weil sie ja auch wissen, dass er nicht mehr da ist« (Z. 74). Hier stimmt Judith emphatischer zu und beginnt direkt eine weitere, ähnlich gestaltete kurze Erzählung über die familiären Weihnachtsrituale, die sie ebenfalls vermisst und die sie mit ihrer Mutter teilweise noch weiterführt. Mit dieser weiteren kurzen Erzählung zeigt sie zum einen an, dass die Interviewerin sie richtig verstanden hat, und deutet zum anderen mit einem weiteren Beleg an, dass sie den vergangenen üblichen und rituellen Kontakt in der Familie vermisst, der darin bestand, dass ihr Vater am Wochenende und an Feiertagen zu ihrer Mutter und ihr kam. Sie verbindet abschließend die erzählte Zeit mit der Erzählzeit:

```
082    KJ5    =das war ganz schön auch <<all> (von_
meiner mama gemacht)->
083           °h [<<all> machen_wa] IMmer noch>_zum
beispiel SPIElen;
084    I1:           [<<p> hm_hm;>]
085           (0.3) <<len> ah_[ja;>]
086    KJ5:   [so als] rituAle einfach,
087    I1:    (.) ja_a;
088    KJ5:   die wir auch mit IHM gemacht habn.
```

Judith bewertet, dass ihre Mutter die weihnachtlichen Traditionen schön gestaltet hat, und wechselt dann in die Gegenwart, um Spielen als ein Beispiel für »Rituale einfach, die wir auch mit ihm gemacht haben« zu nennen. Bei dieser Beschreibung wechselt Judith zum ersten Mal in eine Perspektive der ersten Person, allerdings wählt sie keine Ich-Perspektive, sondern eine Wir-Perspektive, in die sie sich selbst und ihre Mutter einbezieht (Z. 83, 88).

Später im Gespräch fragt die Interviewerin – ähnlich wie bei Mirko –, wie Judith vom Tod ihres Vaters erfahren hat. Im

Gegensatz zu Mirko und Tanja erzählt Judith auch hier keine
selbst strukturierte Episode, sondern die Gesprächspartnerinnen rekonstruieren das Geschehen gemeinsam in einem Fra-
ge-Antwort-Format:

```
456   I1:   und wie ham sie davon erfah:rn,
457   KJ5:  (0.5) hm:: (-) paar/ zwei_drei tage SPÄ-
            ter am <<pp / dünne
            Stimme> telefon.>
458         (0.52)
459   I1:   <<pp> und wer hat [ihnen das] gesagt,>
460   KJ5:  [<<pp / hohe Stimme> (jo);>]
461         ähm die REha hat dann angerufen;
```

Die Äußerung der Interviewerin ist keine so eindeutige Erzähleinladung wie die vergleichbare Frage an Mirko (»kannst du
dich noch erinnern, wie das war? Wie du erfahren hast von dem
Unfall?«), dennoch ist die Wie-Frage offen für einen möglichen
narrativen Anschluss. Judith antwortet mit einer einzigen Äußerung, die sie mit tief fallender Stimme eindeutig abschließt. Dies
setzt sich dann im Verlauf der Sequenz erst einmal fort: Nach
einer Pause stellt die Interviewerin eine Frage, die Judith erneut
mit tief fallender Stimme beantwortet. In der Sequenz finden
sich aber auch zwei kurze narrative Fragmente. Judith erzählt
zunächst kurz, dass ein Freund ihres Vaters als Besucher nicht
hineingelassen wurde. Die Interviewerin reformuliert dies nur,
woraufhin Judith kurz erzählt, dass niemand mehr erreichbar
war. Auch nimmt Judith keine Perspektive des erzählenden Ichs
ein, »man« bezieht sich dem Kontext nach auf Judith und ihre
Mutter:

```
471   KJ5:  und DA (wohl) wurde es schon: (0.25)
            !KRI!tisch-
```

```
472              (0.38) man hat auch NIEmandn erreicht,
473              (0.54) kein be[treuer-]
474   I1:                  [und SIE] sind AUCH nich
                     dorthin gefahrn
                 oder ihre mutter.=
475   KJ5:   =NEE.
476              (0.25) erstma nich.
477              wir DACHten <<gerundeter Mund> erstmal
                 es (werde / wäre) alles
                 okay:-=>
478              =viel[leicht] wars einfach   nur   ne
                 ((unverständlich, ca. 1 Sek))-
479   I1:    [hm_hm;]
480   KJ5:   °h und joa dann ham wir zwei st/ (.) tage
                 später n !AN!ruf
                 bekomm.
481   I1:    (0.38) <<pp> hm_HM.>
482   KJ5:   (0.3) ja.=
483              =erstmal gingn die ge (.) DANk erstmal
                 durchn kopf;
484              (0.32) <<p / len> was is pas[siert,>]
485   I1:                              [und wer war
                     am] telefon,
486   KJ5:   (0.46) äh::m ARZT.
487   I1:    (0.39) und WER war/ [(xxx)]
488   KJ5:                        [m:eine] MUTter.=
489   I1:    =ah_ja;=
```

In ihrer Nachfrage nennt die Interviewerin konkret Judith oder
ihre Mutter – diese Perspektive übernimmt Judith in ihrer Antwort (Z. 477). Daraufhin reformuliert sie auch das Angeru-
fenwerden aus dieser Perspektive (Z. 480). Die Interviewerin
bestätigt dies nach einer Pause mit einem sehr leisen Hörsig-

nal, was Judith dann erneut mit »ja« bestätigt (Z. 481–482). In
schnellem Anschluss leitet Judith dann eine Gedankenwiedergabe ein, wobei sie die Gedanken leise und langsam wiedergibt (Z. 484). Obwohl Judith mit mittel steigender Intonation eine Fortsetzungsabsicht andeutet, stellt die Interviewerin
überlappend eine nächste Frage, womöglich auch wegen der
Pause und der leisen und langsamen Stimme. So setzt sich nach
dieser angedeuteten kurzen Aktualisierung das Frage-Ant-
wort-Schema fort.

Im Gespräch mit Judith ist deren fehlendes Wissen über die
Erkrankung ihres Vaters ein wichtiger Aspekt. Die Interviewerin
initiiert eine gemeinsame Aushandlung von (Nicht-)Wissen mit
Bezug auf die Grunderkrankung von Judiths Vater: »Kann man
ja auch nichts darüber nachlesen, wenn man nicht weiß, wie die
Krankheit heißt.« Judith wendet ein: »Ich denke auch manchmal,
da will man's gar nicht wissen.« Die Interviewerin reformuliert
dann eine ambivalente Position, die sie Judith zuschreibt und
der Judith zustimmt: »Einerseits will man ganz viel wissen – und
dann andererseits will man auch nicht so viel wissen.« Die beiden besprechen den Grund für das Nicht-wissen-Wollen; Judith
befürchtet, dass Wissen »einen noch mehr belasten könnte –
wenn man Angst hat, dass man auch die Gene von dem Vater,
das auf einen zurückkommen kann«. Nach einer langen Pause
formuliert die Interviewerin einen Einwand dagegen (Z. 1247):

```
1247   I1:   (5.92) aber wenn man auch n bisschen
             wüsste °hhh (0.67)
             <<ausatmend> woHER das kommt> dann
             könnte man ja auch (-) bei
             seim eigenen leben vielleicht sehen_mein
             leben ist ja ganz
             anders,
1248         also (.) wird das bei mir nich pasSIERN.
```

```
1249  KJ5:   (--) ja klar_aber ich denk ma auch zum
             beispiel (0.5) der
             war zum beispiel sehr anfällig für
             SUCHtn,
1250  I1:    (.) hm_hm,
1251  KJ5:   dass man da wirklich aufpasst (wirklich)
             dass man nich igendwo
             AUCH reingerät;
1252  I1:    hm:_hm;
```

Judith reagiert darauf mit Zustimmung (»ja klar«). Sie leitet ein
Beispiel in Bezug auf Suchtanfälligkeit und wachsam bleiben zu
wollen mit »aber« wie einen Einwand ein, stimmt der Interviewerin inhaltlich jedoch zu. Die beiden handeln das Problem der
Suchtanfälligkeit weiter aus und kommen gemeinsam zum Fazit,
dass der Unterschied ist, dass Judith es schafft, Grenzen zu setzen und nicht in Suchtprobleme zu geraten. Die Interviewerin
schließt das mit einem Zwischenfazit ab: »Was damals, als der
Vater starb, besonders gefehlt hat, ist Reden und Erklärungen.«
Judith stimmt zu, dass dies ein wichtiger Aspekt war.

Sprachlich-kommunikativ ist an diesem Ausschnitt interessant,
dass die Interviewerin sich daran anpasst, dass Judith ihre Ich-Perspektive nicht mit »ich« formuliert, sondern mit dem unpersönlichen Pronomen »man«, das aus dem Kontext ganz eindeutig das
»ich« ersetzt (siehe auch Kapitel 2.4). Dem passt sich die Interviewerin in dieser Passage an, indem sie auch »man« verwendet,
anstatt Judith zu siezen und damit direkt zu adressieren.

Aktualisierung und Distanzierung

Abschließend gehen wir noch einmal überblicksartig auf Aktualisierung und Distanzierung ein. Wie an den oben analysierten
Ausschnitten deutlich geworden ist, haben alle für unser Projekt interviewten Jugendlichen im konkreten Gespräch erzäh-

len können. Dabei hat niemand der Betroffenen in der Erzähl-situation so stark aktualisiert, dass das Erzählen aufgrund einer emotionalen Überwältigung nicht mehr möglich war, wie es Stu-kenbrock (2013, 2015) für einen ihrer narrativ-aktualisierenden Gestaltungstypen gezeigt hat.

Zu den erzählerischen Aktualisierungsverfahren haben wir hier vor allem die chronologische und nachvollziehbare Struk-turierung der Erzählung, das Einnehmen der Perspektive eines erzählten Ichs, die Detaillierung sowie die Rede und Gedan-kenwiedergabe gezählt. Diese sprachlich-kommunikativen Mit-tel beziehen die Zuhörerin inhaltlich sowie emotional in die erzählte Welt mit ein.

Ein deutlicher Bezug zum Gegenüber wird mit Hintergrund-informationen hergestellt: Die Erzählenden zeigen so ihre Orien-tierung am Wissen der Zuhörerin und ihre Fähigkeit, adressaten-orientiert zu erzählen. Reflektierende Äußerungen, Kommentare und Wechsel von der erzählten Zeit in die Erzählzeit dagegen sind »moderat distanzierende« sprachlich-kommunikative Mittel.

Stark distanzierende Mittel sind unpersönliche oder entper-sönlichende Formulierungen: Dazu zählen wir das Ersetzen der Ich-Perspektive durch Platzhalter wie »es« oder das unpersön-liche Pronomen »man«, beispielsweise: »Es war so ein Schock, man konnte es gar nicht realisieren.« Auch das Auslassen der eigenen Perspektive und distanzierende Personenbezeichnun-gen wie »die Mutter« (anstatt meine Mutter oder meine Mama) beziehen wir mit ein.

Wichtig ist, dass wir Aktualisierung und Distanzierung nur im vorliegenden Gespräch betrachten können. Um Aussagen über Bewältigung ableiten zu können, müssten wir die Erzähl-kompetenz der Jugendlichen miteinbeziehen, es müssten also mehr Gespräche pro Person vorliegen. Anhand der Analysen können wir aber durchaus feststellen, wie die einzelnen Jugendlichen im konkreten Gespräch narrative Aktualisierungs- und Distanzierungsverfahren verwenden.

Abschließend können wir nun auf Basis der Interviews und der gesprächsanalytischen Auswertungen im Hinblick auf Aktualisierungs- und Distanzierungsverfahren Rückschlüsse zu den einzelnen Jugendlichen tätigen:

Temmo moduliert beim Erzählen eigenständig zwischen Aktualisierung und moderater Distanzierung und wird dabei von der Interviewerin mit Hörersignalen unterstützt.

Timon bezieht die Interviewerin emotional mit ein, indem er Mittel der emotionalen Aktualisierung verwendet, die I1 mit emotional gefärbten Ratifizierungen wie »oh gott« oder »!O!ha« bestätigt (siehe auch Kapitel 2.3). Er erzählt detailliert und chronologisch mit etlichen narrativen Gestaltungsmitteln wie direkter Rede. Dabei erzeugt er weder einen deutlichen gestalterischen Überschuss noch bricht die narrative Rekonstruktion zusammen, wie es Stukenbrock (2013, 2015) für ihre beiden narrative Gestaltungstypen gezeigt hat: Ein gestalterischer Überschuss zeigt sich darin, dass auch traumatische oder belastende Ereignisse mit vielen dramatisierenden, zum Teil auch humoresken Mitteln und mit viel Bezug zur Zuhörerin narrativ dargestellt werden können und so narrative Aktualisierung mit gestalterischer Distanzierung verbunden wird. Im Gegensatz dazu können Erzählungen zusammenbrechen, wenn die narrative Aktualisierung zu einer emotionalen Überwältigung innerhalb der aktuellen Erzählsituation führt. Beides trifft für Timons Erzählung nicht zu; mit Bezug auf Scheidt (2016) kann man seine episodische narrative Rekonstruktion mit einem ausreichenden Maß an Aktualisierung in der entsprechenden Gesprächssituation in Zusammenhang bringen.

Im Gespräch mit Tanja erbringt die Interviewerin die Strukturierungsleistung. Innerhalb dieses unterstützenden Rahmens erzählt Tanja detailliert und chronologisch nachvollziehbar. Sie benennt emotionale Zustände und verwendet eher paraverbale und besonders stimmliche Mittel der Aktualisierung als direkte Rede. In der aktuellen Situation gelingt das Erzählen, auch wenn eine gewisse Belastung erkennbar ist. Auch Angebote der Interviewerin zu einer moderaten Distanzierung kann Tanja nutzen.

Mirko verwendet sowohl aktualisierende als auch distanzierende Verfahren, er berichtet im ersten Teil des Gesprächs, später erzählt er episodisch mit Aktualisierungsverfahren wie Redewiedergabe, Gedankenwiedergabe, Detaillierung. Um seine emotionale Betroffenheit zu formulieren, verwendet er am Höhepunkt der Erzählung distanzierende Verfahren mit den genannten Platzhaltern »man« und »es«. Es ist also in der aktuellen Gesprächssituation teilweise eine sehr ausgeprägte Distanzierung zu erkennen.

Judith erzählt sehr knapp und nimmt keine Perspektive des erzählten Ichs ein. Teilweise verschwimmen in den Erzählfragmenten erzählte Zeit und aktuelle Zeit. Beim Erzählen und in den Passagen, in denen Wissen und Unwissenheit ausgehandelt werden, spricht sie von sich selbst gar nicht in der Ich-Form, sondern sie verwendet stattdessen »man«, Formulierungen mit dem Platzhalter »es« und lässt an einer Stelle die Subjektposition ganz unbesetzt (siehe auch Kapitel 2.4). In anderen Passagen des Gesprächs, wenn sie beispielsweise über ihre aktuellen sozialen Beziehungen spricht, verwendet Judith durchaus die Ich-Form. Für die narrativen Passagen ist in diesem Gespräch zu beobachten, dass Judith kurz und iterativ erzählt und keine Perspektive des erzählten Ichs einnimmt. Weil Judith nur an zwei Stellen in fragmentarischer Weise episodisch-narrativ rekonstruiert, sind – mit Ausnahme der einen angedeuteten Gedankenwiedergabe – die anderen genannten narrativen Aktualisierungsverfahren in diesem Gespräch so gut wie nicht zu finden. Mit Scheidt (2016) kann hier also eine stark ausgeprägte Distanzierung festgestellt werden.

Die Analysen sollen dazu anregen, auch darauf zu achten, *wie* – und nicht nur, *was* – erzählt wird: Erzählen Jugendliche eine vollständige Geschichte oder berichten sie knapp? Stellen sie sich als handlungsfähig dar, handelt jemand anderes, wird die Handlungsfähigkeit einem Objekt zugeschrieben oder gar nicht verortet? Wie gehen die Jugendlichen mit Zeit um? Kommentieren und reflektieren sie beim Erzählen? Wie beziehen sie sich auf die Zuhörenden? Suchen Sie Unterstützung und enge Begleitung beim Erzählen oder erzählen sie selbstständig? Geben sie der Zuhörerin notwendige Hintergrundinformationen, setzen sie Unbekanntes als bekannt voraus oder stellen sie sich selbst als unwissend dar?

Bei der Erzählaufforderung und beim Zuhören bildet sich im Gespräch sichtbar die Haltung der Zuhörerin ab: Eine offene, interessierte Haltung, die von »aktiver Passivität« gekennzeichnet ist, zeigt sich zum einen in der Selbstpositionierung als Zuhörerin, die genuinen Wissensbedarf hat, und zum anderen in der Fremdpositionierung des oder der Jugendlichen als einer Person, die Wichtiges zu berichten hat. Dabei stellt sich die Zuhörerin individuell auf ihr Gegenüber ein: Je nachdem, wie die Jugendlichen die Interaktion mitgestalten, gibt sie nur Hörersignale oder macht Empathieangebote, stellt sie Fragen oder gibt affektive Bestätigungen. Abschließende Anregungen auf dieser Basis geben wir im nächsten Kapitel.

3 Abschließende Überlegungen: Anregungen für Gespräche mit Jugendlichen

Im Umgang mit Menschen, die den Verlust eines geliebten Menschen erlitten haben, werden Helfende selbst mit starken Gefühlen konfrontiert. Dazu gehört die »radikale Erfahrung des Nicht-Wissens« (Hack, 2009, S. 7). Eigentlich ist das nichts Ungewöhnliches. Wir wissen nie genau, wie sich ein anderer Mensch fühlt und was in ihm vorgeht, und wir wissen auch nie, wann der Tod in unser Leben treten wird. Aber im Umgang mit betroffenen Hinterbliebenen wird das besonders bewusst und kann starke Gefühle von Unsicherheit. Hilflosigkeit, Angst oder auch Scham auslösen. Starke Gefühle sind herausfordernd. Deswegen wünschen sich Menschen, die Sterbende, Hinterbliebene und deren An- und Zugehörige begleiten, Fortbildungsangebote, die sich mit dem Sprechen beschäftigen. Helfende möchte in diesen Gesprächen »nichts falsch machen« und suchen Entlastung in genaueren Anweisungen, *wie* sie sprechen könnten. So existieren bereits viele Manuale, Bücher, Rollenspiele und anderes mehr, die professionell Tätigen helfen sollen, durch vorbereitende Übungen oder Anwendung von bestimmten Regeln oder Manualen sich weniger unsicher in Gesprächen über Existenzielles zu fühlen.

Gesprächsführung wird in verschiedenen professionellen Kontexten in unterschiedlichen Formaten gelehrt. Dabei suggerieren Manuale oder konkrete Handlungsanweisungen, dass es eine »richtige« und entsprechend auch eine »falsche« Gesprächsführung gäbe. Häufig sind dabei allgemeine Aussagen wie »auf Augenhöhe sprechen« oder »die Klientin da abholen, wo sie steht«. Ansonsten wird Gesprächsführung auch so gelehrt, dass den Lernenden viel darüber erzählt wird, wie es anderen Menschen in bestimmten Situationen ergangen ist. Das findet in der Psychologie und Psychotherapie gern mithilfe von Fallvignetten statt, die theoretische oder empirische Annahmen plastisch belegen. Dabei werden die Betroffenen zum Teil auch wörtlich zitiert, aber die Interaktion zwischen den Gesprächsteilnehmenden wird kaum abgebildet.

Das Konzept des britischen Kinderarztes und Psychoanalytikers Winnicott der »hinreichend guten Mutter« (Winnicott, 2008, S. 267) halten wir auch für Gesprächsführung in diesem Feld für brauchbar und haben uns mit Entstehungsbedingungen für hinreichend gute Gespräche in diesem Feld beschäftigt (Knerich et al., in Vorb.). Dabei geht es zunächst um die Rahmung des Gesprächs sowie das redebegleitende Verhalten der Interviewerin. Wie wir in Kapitel 2.2 gezeigt haben, unterscheiden sich die Gesprächseinstiege dadurch, dass sich die Interviewerin relativ rasch auf den Sprechstil der Jugendlichen einstellt und unterschiedliche Perspektiven einnimmt. Einmal wendet sie sich direkt an den Gesprächspartner und in einem anderen Interview fokussiert sie zunächst die Kamera. Diese Art des Sicheinstellens auf das Gegenüber geschieht intuitiv und ist anschließend gesprächsanalytisch fassbar.

Eine weitere Erkenntnis aus den Analysen der Interviews: Die Jugendlichen beginnen zu erzählen, wenn ihnen zugetraut wird, dass sie mehr wissen oder Expertinnen und Experten für ihre Situation sind. In unseren Interviews wurde zu Beginn explizit ausgedrückt, welches Vorwissen die Interviewerin hatte oder nicht hatte. Außerdem konnten wir Situationen im Gespräch untersuchen, in denen die Jugendlichen in »Man«-Konstruktionen wechselten. In der Alltagssprache hat eine gewisse Psychologisierung stattgefunden: »Man soll nicht ›man‹ sagen, sondern ›ich‹.« Es hat aber Gründe, warum jemand in diese etwas distanziertere Form wechselt. In unserem Fall konnten wir das besonders bei Mirko und Judith sehen. Wenn sie die Personalpronomen wechselten, versuchten sie an der Stelle im Gespräch emotional Abstand zu nehmen. In Körperhaltung, Stimmlage und Mimik hatten sie sich kaum verändert und sich explizit auch nicht distanzierend geäußert.

Außerdem bedarf es offener Erzählaufforderungen an die Jugendlichen, die direkt an sie gerichtet werden. In einigen Situationen mussten die Interviewerinnen auch aktiv die Erzählungen der Jugendlichen unterstützen (z. B. bei Tanja und Judith). Das heißt, eine einmalige Erzählaufforderung war nicht ausreichend. Entscheidend ist, dass die Interviewerin merkt, ob erzählt wird oder nicht.

Wir glauben, dass aus diesen Erkenntnissen auch Anregungen für Eltern weiterentwickelt werden könnten. Im Leidfaden-Themenheft »Kinder und Jugendliche – ein Trauerspiel« (Radbruch u. Melching, 2012) mahnen die Herausgeber im Editorial, es seien eher die Erwachsenen, die Hilfe benötigen, und raten Erwachsenen, Jugendlichen »offen und gegebenenfalls auch rat- und ahnungslos zu begegnen«. Auch in unseren Erzählinterviews finden sich Hinweise auf die verwitweten Mütter der Jugendlichen, um die sie sich zum Teil sehr sorgten oder sich über sie ärgerten. Das *Wie* des Sprechens mit Jugendlichen ist auch in Elternberatungen außerhalb von Gesprächen über Sterben und Verlust von großer Bedeutung. Es wird mehr Dialog in Familien über existenzielle Themen benötigt bzw. bei Angeboten für Kinder und Jugendliche ist der Familienkontext unbedingt mitzubedenken. Aktuelle Studien belegen den Bedarf. So fanden Semple, McCaughan, Beck und Hanna (2021) in einer Interviewstudie, dass verwitwete Eltern sich nicht zufriedenstellend unterstützt fühlten, wie sie ihre Kinder auf den bevorstehenden Tod des anderen Elternteils vorbereiten könnten. Dabei ging es immer wieder um die Frage, *wie* zu reden sei bzw. welche Sprache gewählt werden sollte. Die Bedeutung des Zuhörens und des Umgangs mit Nichtwissen kann für Erwachsene und Eltern erschlossen werden.

Wünschenswert wären Studien, die auch im Bereich Trauerbegleitung interdisziplinär Praktikerinnen und betroffene Familien miteinbeziehen. Familien könnten von anderen Familien lernen, sich gegenseitig zuzuhören, ohne vorschnell zu bewerten. Gerade in Bezug auf Trauerreaktionen werden Bewertungen durch andere als besonders unangenehm erlebt. Das zeigte sich zum Beispiel bei Judith, die sagte, sie habe das Gefühl, ihre Mutter würde meinen, dass sie, die Jugendliche, eigentlich nicht so traurig sein sollte. Was würde wohl die Mutter erzählen, wenn wir sie gefragt hätten?

Erzählungen können auf Probleme aufmerksam machen oder Trost spenden. Trost kann darin liegen, dass etwas anerkannt wird durch die Erzählung, Raum bekommt und nicht verändert werden muss. Wie wir schon an anderer Stelle vermutet haben, haben sich die Jugendlichen vielleicht bewusst für Interviews gemeldet. Jemand wollte etwas von *ihnen* wissen, nicht: Jemand wollte ihnen mit etwas weiterhelfen. Die Schwierigkeit, Jugendliche für Angebote in der Trauerbegleitung zu interessieren, könnte auch darin liegen, dass sie sich nicht angesprochen fühlen als jemand, der oder die etwas zu sagen hat.

Ein weiterer Aspekt könnte sein, dass Jugendliche sich nicht als Trauernde konzipieren. In unseren Interviews haben alle den Aspekt des Weiterlebens, Lachendürfens, Sichablenken-Wollens an verschiedenen Stellen im Gespräch zum Ausdruck gebracht. So wie Erkrankte nicht identisch mit ihrer Krankheit sind und nicht als »Epileptiker« oder »Diabetikerin« bezeichnet werden wollen, so wollen diese Jugendlichen nicht auf den Verlust reduziert werden. Sie fangen ihre Erzählung beispielsweise mit folgenden Halbsätzen an: »Bei mir ist der Papa gestorben« oder »Es geht um meinen Vater«. Die Begriffe Trauer oder trauern tauchen kaum auf.

Wir geben keine Gebrauchsanweisung für Gespräche mit
Jugendlichen, sondern Anregungen, worüber weiter nachge-
dacht werden könnte. Dazu wären auch Experteninterviews mit
Trauerbegleiterinnen und Psychotherapeutinnen sehr interessant. Der international bekannte Trauerforscher Neimeyer fragt
in einem Aufsatz provokativ: »What's narrative got to do with
it?«, und antwortet: »Everything!« (Neimeyer u. Levitt, 2000,
S. 401 ff.). Erzählungen sind wichtig für die Bewältigung. *Wie*
Erzählungen konkret angeregt werden können, haben wir versucht zu zeigen.

Eine gemeinsame Untersuchung von Gesprächen Betroffener
durch Gesprächsforschende einerseits und Psychotherapeutinnen (oder auch Trauerbegleiterinnen) andererseits erscheint uns
sehr sinnvoll und kann für beide Erkenntnisgewinne bringen,
die zu einer feineren Praxis führen können. Durch gemeinsame
Betrachtung von Videoaufnahmen und dazugehörenden Transkripten der Gespräche und anschließende Reflexion haben wir
die Möglichkeit, der anderen Disziplin beim Nachdenken zuzuhören. Wir müssen uns nicht nur in das fremde Gespräch ein-
denken, sondern auch in die fremde Sprache der anderen Wissenschaftler. Die Erkenntniswege der einen Disziplin stellen für
die andere quasi eine Blackbox dar, die erst durch die regelmäßige Zusammenarbeit langsam erhellt wird. So haben manche
Klärungen erst bei der Abfassung dieses Manuskripts stattgefunden, wenn etwa deutlich wurde, dass wir sehr verschiedene
Dinge unter gleichen Begriffen fassen können.

Die Betrachtung von Gesprächen anhand der gesprächsanalytisch aufgearbeiteten Transkripte ermöglicht es professionellen Helferinnen und Helfern auch, über ihre eigene Interaktion
nachzudenken: Warum habe ich an der Stelle unterbrochen?
Warum schweige ich hier so lange? Wie gelingt es, eine Erzählung
zu unterstützen? Und vieles mehr. Dabei geht es nicht darum,
eine Bewertung im Sinne »richtiger« oder »falscher« Interaktio-

nen vorzunehmen, sondern auf Mikroprozesse des Gesprächs zu achten, die einem sonst entgehen würden. Mit dieser Herangehensweise kann jede Interaktion genau betrachtet werden. Eine gemeinsame Arbeit von Helfenden und Gesprächsanalytikern bietet sich besonders in Bereichen an, in denen das Sprechen im Vordergrund steht, wie in Beratung, Psychotherapie oder Trauerbegleitung. Insbesondere wird mit der Gesprächsanalyse eine Haltung eingeübt, in der nicht sofort bewertet oder inhaltlich interpretiert wird. So können sich neue Verstehensräume öffnen.

In einer solchen interdisziplinären Zusammenarbeit können Gesprächsforschende Analyseergebnisse teilen und Berater oder Psychotherapeuten nach möglichen Beweggründen für das Verhalten beider Interaktionspartner fragen. Zum Beispiel zeigte eine Gesprächsforscherin auf, dass ein Jugendlicher an einer Stelle im Interview einen Gegenstand zum Handlungsträger macht (siehe Kapitel 2.4: Ein Auto wird sprachlich so dargestellt, als ob es selbstständig handeln würde). Sie regte damit eine gemeinsame Diskussion über diese sprachliche Besonderheit an: Der Psychotherapeutin war sie zwar zunächst gar nicht aufgefallen, sie konnte dann aber dazu Hypothesen bilden und entwicklungspsychologische Kenntnisse vermitteln, die für die Gesprächsanalytikerinnen neu waren. Diese erfahren durch die gemeinsamen Diskussionen, wie die Praktiker arbeiten, und erweitern damit auch ihr Wissen, was für eine längerfristige Zusammenarbeit gewinnbringend ist.

Im interdisziplinären gemeinsamen Arbeitsprozess gilt es, Beobachtungen und Annahmen, die auf dem eigenen fachlichen Hintergrund basieren, möglichst genau zu beschreiben, um sie den fachfremden Kolleginnen und Kollegen verständlich zu machen. Das erfordert Disziplin und konfrontiert mit eigenem Nichtwissen oder Ungenauigkeiten, die in einer Gruppe »Gleichgesinnter« weniger auffallen würden. In unserer Zusammenarbeit fiel das an psychischen Phänomenen auf – z. B. Scham oder

scheinbar allen verständlichen Begriffen wie »Agency« oder
»Narrativ«. Durch das Nachfragen der Kolleginnen aus der anderen Disziplin wurden Denk- und Diskussionsprozesse angeregt,
die wir als neu und zeitweilig regelrecht beglückend erlebten.
Gülich und Lucius-Hoene (2015, S. 160) beschreiben die »Ver-
schränkung psychologischer und linguistischer Perspektiven
bei der Textarbeit« als Kreisprozess: Eine psychologische Deutung löst die linguistische Suche für entsprechende Phänomene
aus, und eine linguistische Beobachtung sucht eine psychologische Deutung. Die Darstellung »mikrosprachlicher Phänomene«
(Gülich u. Lucius Hoene, 2015) bedeutet für professionelle Helfende einen erheblichen Gewinn. Die Aufmerksamkeit wird auf
kleine, zunächst unscheinbare Phänomene gelenkt, in denen
sich beim Blick durch das »geisteswissenschaftliche Mikroskop«
tiefgehende Hypothesen über die psychischen Bewältigungswei-
sen Betroffener ergeben. Nicht zuletzt hilft die Gesprächsanalyse beim Mentalisieren. Die interdisziplinäre Zusammenarbeit
besteht also zum einen darin, dass bereits bestehende Erkenntnisse aus den jeweiligen Forschungsbereichen zusammengeführt
werden, und zum anderen darin, dass die beteiligten Forscherinnen ihre eigenen Erkenntnismethoden *gemeinsam* mit den
anderen in Gesprächen über Gespräche anwenden.

Trotz aller Begeisterung für die Untersuchung mit dem »geisteswissenschaftlichen Mikroskop« und für die Zusammenarbeit
fällt das Lesen von Transkripten den Nichtlinguisten schwer.
Auch darüber haben wir immer wieder gesprochen. Was ist
das Problem mit dem Transkript? Es löst offenbar Gefühle aus
und regt zum Widerstand an. Warum müssen Ziffern an jedem
Zeilenrand stehen? Warum müssen die Pausen so explizit vermerkt werden? Warum wird nicht »richtig« geschrieben? Forschende, deren Gespräche transkribiert wurden, sind zunächst
überrascht bis entsetzt, dass sie tatsächlich *so* gesprochen haben
sollen. Sie haben es doch ganz anders in Erinnerung oder wür-

den doch sonst ganz anders sprechen! Es gibt auch Forschende, die sehr gern ihre Gespräche aufzeichnen und transkribieren lassen, aber an den gemeinsamen Auswertungen kaum teilnehmen und die Transkripte selbst nicht bearbeiten können, weil es schwierig ist, gleichzeitig auf die Interaktion »draufzuschauen« und darin vorzukommen. Das entspricht vielleicht am ehesten einer additiven Kooperation: Die Auswertung findet wie bei einer Blutuntersuchung im Labor statt, und das Ergebnis wird von ärztlicher Seite weiterverwendet. Am schönsten ist es, wenn etwas »rauskommt«, das man dann vorzeigen kann.

Um ehrlich zu sein, sind wir auch mit dieser Idee in das Projekt gestartet. Wir dachten, wir untersuchen zum einen inhaltlich, was Jugendliche selbst dazu sagen, was sie brauchen nach dem Verlust eines Elternteils. Ein gesprächsanalytisches Projekt sollte zum anderen an einigen – möglichst prototypischen – Gesprächen zusätzliche Ergebnisse zur Interaktion mit halbverwaisten Jugendlichen und zu sprachlich-kommunikativen Verfahren beim Reden über Verlust erzielen und beisteuern. Dadurch, dass wir unser Forschungsprojekt unterbrechen mussten und jetzt nur die Daten aus dem Pilotprojekt vorliegen, ist die Auswertung der Daten anders verlaufen. In ihrer Masterarbeit im Studiengang Linguistik untersuchte Justine Kohl (2020) drei Gesprächsanfänge aus unseren Interviews. In einer vertieften Analyse arbeitete sie besonders die Interaktionen zwischen Interviewerin und Interviewten heraus. Dabei ist aus psychotherapeutischer Sicht der Beleg entstanden, dass es nicht um einen »richtigen« Gesprächsanfang seitens der Interviewerin gehen kann, mit dem Jugendliche zum Erzählen ermuntert werden. Bei der Betrachtung des ganzen Gesprächs fiel auf, dass »holperige« Passagen gemeinsam repariert wurden. Aus psychotherapeutischer Perspektive sind diese gemeinsamen Reparaturen gewinnbringender für Betroffene als der Versuch, als Professionelle gleich »alles richtig« zu machen.

Heike Knerich hat für verschiedene linguistische Tagungen Fragestellungen aus dem Material untersucht, beispielsweise das Thema »Aktualisieren und Distanzieren«, was aus psychotherapeutischer Sicht Belege für die Pendelbewegungen im Inneren des Betroffenen aufzeigt, die aber nicht unbedingt explizit verbalisiert werden. In diesen Untersuchungen zeigte sich immer wieder, dass durch die Feinanalyse mithilfe der Aufnahmen und des Transkripts Erkenntnisse gewonnen werden konnten, die bei einer reinen Inhaltsanalyse leicht hätten übersehen werden können. Ähnlich dem in den Naturwissenschaften verwendeten Mikroskop, unter dem man nur ein Haar oder einen Tropfen Blut untersucht, daraus aber Erkenntnisse über den ganzen Menschen gewinnen kann, so kann man mithilfe der Gesprächsanalyse aus der Untersuchung von Details Erkenntnisse über innere Bewältigungsmuster eines belasteten Menschen gewinnen. Daraus konnten Hinweise für Good Practice entwickelt werden, wie wir sie oben dargestellt haben. Die Methodik der Interviewführung in Medizin und Beratung ist bislang kaum qualitativ untersucht worden (Deppermann, 2013). Hier bestünde auch viel Potenzial für Untersuchungen von Gesprächen über existenzielle Themen in verschiedenen Kontexten.

Wir haben also durch unsere Zusammenarbeit in diesem Projekt den Fokus von »Was brauchen Jugendliche?« verschoben auf »Was machen Jugendliche und ihre Interviewerinnen miteinander beim Sprechen über den Tod des Vaters?«. Dennoch können zu der ersten Frage Aussagen gemacht werden, die wir im vorangegangenen Kapitel zusammengefasst haben.

Wir halten eine solche Zusammenarbeit auch für die Forschung sinnvoll. Die Frage, welche Interventionen in Trauerbegleitung und Psychotherapie insbesondere für Kinder und Jugendliche hilfreich sind, könnte durch Untersuchungen authentischer Gespräche näher geklärt werden. Authentisch heißt hier: Gespräche, die real in der Versorgung stattfinden in Trauerzentren oder Psychotherapie- und Kinderarztpraxen und aufgezeichnet werden. Dann könnten mithilfe der Gesprächsanalyse Verfahren zur Früherkennung schwieriger Trauerverläufe entwickelt werden, die bisher nicht existieren (Müller et al., 2020).

Aber auch für Ausbildungskontexte halten wir diese Zusammenarbeit für sehr wertvoll und glauben, dass überall, wo Gespräche in helfender Absicht geführt werden bzw. wo Gespräche als besonders schwierig oder belastend gelten, mit einer derartigen Zusammenarbeit für Entlastung, Fortbildung und damit auch für eine befriedigendere Tätigkeit gesorgt werden könnte. Wünschenswert wäre dazu eine regelmäßige gemeinsame Alltagspraxis beispielsweise in Form von Fallbesprechungen oder Supervisionen mithilfe von Gesprächsanalytikern und Transkripten im Sinne einer echten interdisziplinären Zusammenarbeit. Nicht zuletzt ist die Begleitung von Hinterbliebenen auch für die Helfenden belastend. Es ist anstrengend, immer die eigene Vergänglichkeit und die seiner Angehörigen vor Augen zu haben. Hilfreich und unterstützend kann auch hierbei die interdisziplinäre Zusammenarbeit wirken! Miriam Haagen erlebte, dass Wissenschaftlerinnen einer anderen Disziplin sich intensiv mit ihren psychotherapeutischen Gesprächen beschäftigten, Passagen beim Transkribieren und Analysieren wieder und wieder anhörten und anschauten, und war davon sehr berührt. Sie hat dieses Engagement für ihre eigene Arbeit als tröstlich, wohltuend und stärkend erlebt. Das schwer zu beschreibende Gefühl von Trost, das Leiden nicht aufhebt, aber erträglicher macht, kann sich auch in gemeinsamer Forschung einstellen.

Für die Medizin im Allgemeinen haben immer noch biomedizinische und psychologische Forschungen Vorrang, die mehr mit messenden als mit verstehenden Methoden durchgeführt werden. Der Medizinhistoriker Volker Roelcke bezeichnet in seinem Buch »Vom Menschen in der Medizin« (2017) auch »den

Arzt und den medizinischen Forscher als kulturelle Wesen«
(S. 13). Er plädiert für eine »kulturwissenschaftlich kompetente
Heilkunde« (Untertitel). Wir meinen, dazu mit unserem inter-
disziplinären Vorgehen einen Beitrag leisten zu können.

Danksagung

Wir danken allen von Herzen, die zum Gelingen dieses Buches beigetragen haben. Zuallererst gilt unser Dank den Jugendlichen, die sich von uns haben interviewen lassen, und ihren Trauerbegleiterinnen, die die Studie unterstützt haben!

Außerdem danken wir Justine Kohl, die das Projekt von Anfang an tatkräftig unterstützt hat und beim Schreiben dieses Textes »auf den fahrenden Zug aufgesprungen ist« und sich intensiv beteiligt hat. Wir haben die Zusammenarbeit sehr genossen!

Ein herzliches Dankeschön gilt auch Claudia Heinemann, die zu Beginn bei der Projektplanung, Literaturrecherche und den Interviews engagiert mitgewirkt hat.

Für das interdisziplinäre Vorwort danken wir Elisabeth Gülich und Carl Scheidt. Für ihre Unterstützung unseres Projekts durch ihre Arbeitsgruppe »Sprache und Kommunikation« an der Universität Bielefeld danken wir Barbara Job. Ebenso danken wir allen, die sich im Kontext dieses Arbeitsbereichs an gemeinsamen Datensitzungen zu Ausschnitten der Interviews beteiligt und inspirierende und bereichernde Beobachtungen beigetragen haben. Auch dem Bielefelder Nachwuchsfonds gebührt Dank für die Finanzierung der Transkription und erster Tagungsreisen.

Wir danken Petra Rechenberg-Winter, Mitherausgeberin der Edition Leidfaden, und Ulrike Rastin vom Verlag für die angenehme Begleitung während der Fertigstellung des Manuskriptes sowie Gloria Garrels für die gespendete Illustration auf der Titelseite.

Wir danken unseren Familien, die uns in verschiedenster Weise bei unserer Arbeit unterstützen!

Miriam Haagen und Heike Knerich

Literatur

Allen, J. G., Fonagy, P., Bateman, A. W. (2011). Mentalisieren in der psychotherapeutischen Praxis. Stuttgart: Klett-Cotta.

Appel, C. W., Johansen, C., Christensen, J., Frederiksen, K., Hjalgrim, H., Dalton, S. O., … Bidstrup, P. E. (2016). Risk of use of antidepressants among children and young adults exposed to the death of a parent. Epidemiology, 27 (4), 578–585.

Bakan, D. (1966). The duality of human existence: Isolation and communion in Western man. Chicago: Rand McNally.

Birkner, K., Auer, P., Bauer, A., Kotthoff, H. (2020). Einführung in die Konversationsanalyse. Berlin u. Boston: de Gruyter

Blankenburg, W. (1971). Der Verlust der natürlichen Selbstverständlichkeit. Ein Beitrag zur Psychopathologie symptomarmer Schizophrenien. Stuttgart: Enke.

Boothe, B. (2009). Die Geburt der Psyche im elterlichen Erzählen. Familiendynamik, 34 (1), 30–43.

Boothe, B. (2011). Ein erzählanalytisches Programm für die psychodynamische Diagnostik. In G. Jüttemann (Hrsg.), Biographische Diagnostik (S. 196–204). Lengerich: Pabst.

Bourdieu, P. (1972). Esquisse d'une théorie de la pratique. Genève: Droz.

Brennan, K. A., Shaver, P. R. (1998). Attachment styles and personality disorders: Their connections to each other and to parental divorce, parental death, and perceptions of parental caregiving. Journal of Personality, 66 (5), 835–878.

Brent, D., Melhem, N., Donohoe, M. B., Walker, M. (2009). The incidence and course of depression in bereaved youth 21 months after the loss of a parent to suicide, accident, or sudden natural death. American Journal of Psychiatry, 166 (7), 786–794.

Brewer, J. D., Sparkes, A. C. (2011). Young people living with parental bereavement: Insights from an ethnographic study of a UK childhood bereavement service. Social Science & Medicine, 72 (2), 283–290.

Buchholz, M. (2014). Peter Fonagy und die Mentalisierung. In G. Gödde, J. Zirfas (Hrsg.), Lebenskunst im 20. Jahrhundert. Stimmen von Philosophen, Künstlern und Therapeuten (S. 353–372). Paderborn: Fink.

Bylund-Grenklo, T., Fürst, C. J., Nyberg, T., Steineck, G., Kreicbergs, U. (2016). Unresolved grief and its consequences. A nationwide follow-up of teenage loss of a parent to cancer 6–9 years earlier. Supportive Care in Cancer, 24 (7), 3095–3103.

Christ, G. H., Christ, A. E. (2006). Current approaches to helping children cope with a parent's terminal illness. CA: A Cancer Journal for Clinicians, 56 (4), 197–212.

Cohen, Y. (2010). Diskussion des Beitrags von Peter Bründl zur Beendigungsphase in der analytischen Therapie. In S. Hauser, F. Schambeck (Hrsg.), Übergangsraum Adoleszenz. Entwicklung, Dynamik und Behandlungstechnik Jugendlicher und junger Erwachsener (S. 173–176). Frankfurt a. M.: Brandes & Apsel.

Deppermann, A. (2013). Interview als Text vs. Interview als Interaktion. https://www.ssoar.info/ssoar/handle/document/36384 (19.11.2019).

Deppermann, A. (2015). Agency in Erzählungen über Gewalterfahrungen in Kindheit und Jugend. Sprachliche Praktiken der Zuschreibung von Schuld und Verantwortung an Täter und Opfer. In C. E. Scheidt, G. Lucius-Hoene, A. Stukenbrock, E. Waller (Hrsg.), Narrative Bewältigung von Trauma und Verlust (S. 64–75). Stuttgart: Schattauer. https://ids-pub.bsz-bw.de/frontdoor/index/index/year/2014/docId/3061 (09.08.2021).

Deppermann, A., Lucius-Hoene, G. (2005). Trauma erzählen – kommunikative, sprachliche und stimmliche Verfahren der Darstellung traumatischer Erlebnisse. Psychotherapie & Sozialwissenschaft, 7 (1), 35–73.

Deppermann, A., Schmitt, R. (2008). Verstehensdokumentationen: Zur Phänomenologie von Verstehen in der Interaktion. https://core.ac.uk/download/pdf/83650489.pdf (09.08.2021).

Ende, M. (1979). Die unendliche Geschichte. Stuttgart u. Wien: Thienemann.

Engel, G. L. (1977). The need for a new medical model: A challenge for biomedicine. Science, 196 (4286), 129–136.

Feigelman, W., Rosen, Z., Joiner, T., Silva, C., Mueller, A. S. (2017). Examining longer-term effects of parental death in adolescents and young adults: Evidence from the National Longitudinal Survey of Adolescent to Adult Health. Death Studies, 41 (3), 133–143.

Field, N. (2006). Continuing bonds in adaptation to bereavement: introduction. Death Studies, 30 (8), 709e714.

Furman, E. (1977). Ein Kind verwaist. Untersuchungen über Elternverlust in der Kindheit. Stuttgart: Klett-Cotta.

Gerspach, M. (2001). Hyperaktivität aus der Sicht der Psychoanalytischen Pädagogik. In M. Passolt (Hrsg.), Hyperaktivität zwischen Psychoanalyse, Neurobiologie und Systemtheorie (S. 45–71). München: Reinhardt.

Giddens, A. (1979). Central problems in Social Theory. London: Macmillan.

Grieser, J. (2018). Der Tod und das Leben. Vergänglichkeit als Chance zur Entwicklung von Lebendigkeit. Gießen: Psychosozial-Verlag.

Gülich, E. (2006). Das Alltagsgeschäft der Interdisziplinarität. Deutsche Sprache, 34, 6–17.

Gülich, E. (2008). Alltägliches erzählen und alltägliches Erzählen. Zeitschrift für germanistische Linguistik (ZGL), 36 (3), 403–426.

Gülich, E. (2017). Medizin. In M. Martínez (Hrsg.), Erzählen: Ein interdisziplinäres Handbuch (S. 140–148). Stuttgart: Metzler.

Gülich, E. (2020). Mündliches Erzählen. Verfahren narrativer Rekonstruktion im Gespräch. Berlin, Boston: de Gruyter.

Gülich, E., Hausendorf, H. (2000). Vertextungsmuster: Narration. In K. Brinker (Hrsg.), Text- und Gesprächslinguistik, Halbbd. 1 (S. 369–385). Berlin: de Gruyter.

Gülich, E., Knerich, H., Lindemann, K. (2009) Rekonstruktion und (Re-)Interpretation in Krankheitserzählungen. Ein Beitrag aus der linguistischen Gesprächsforschung. In G. Grimm, N. Kapfhamer, H. Mathys, S. Michel, B. Boothe (Hrsg.), Erzählen, Träumen und Erinnern. Erträge klinischer Erzählforschung (S. 110–124). Lengerich u. Berlin: Pabst

Gülich, E., Lucius-Hoene, G. (2015). Veränderungen von Geschichten beim Erzählen. Versuch einer interdisziplinären Annäherung an narrative Rekonstruktionen von Schlüsselerfahrungen. In S. Pfänder (Hrsg.), Wiedererzählen. Formen und Funktionen einer kulturellen Praxis (S. 135–176). Bielefeld: transcript.

Gülich, E., Mondada, L. (2008). Konversationsanalyse. Eine Einführung am Beispiel des Französischen. Tübingen: Niemeyer.

Gülich, E., Pfänder, S. (2015). Zur interaktiven Konstitution von Empathie im Gesprächsverlauf. Ein Beitrag aus der Sicht der linguistischen Gesprächsforschung. In T. Breyer (Hrsg.), Grenzen der Empathie: philosophische, psychologische und anthropologische Perspektiven (S. 433–458). Paderborn: Fink.

Günthner, S. (2005). Grammatische Analysen der kommunikativen Praxis – »Dichte Konstruktionen« in der Interaktion. In A. Deppermann, R. Fiehler, T. Spranz-Fogasy (Hrsg.), Grammatik und Interaktion (S. 95–121). Radolfzell: Verlag für Gesprächsforschung.

Haagen, M. (2017). Mit dem Tod leben – Kinder achtsam in ihrer Trauer begleiten. Stuttgart: Kohlhammer.

Haagen, M. (2018). Schwere Erkrankungen, Sterben und Tod im familiären Kontext. In K. von Sydow, U. Borst (Hrsg.), Systemische Therapie in der Praxis (S. 692–702). Weinheim: Beltz.

Haagen, M., Knerich, H. (2019). Jugendlichen zuhören. Gespräche über den Tod des Vaters. Eine qualitative Studie. Persönlichkeitsstörungen, 23 (3), 225–235.

Haagen, M., Möller, B. (2013). Sterben und Tod im Familienleben. Beratung und Therapie von Angehörigen von Sterbenskranken. In M. Cierpka, A. Riehl-Emde, M. Schmidt, K. A. Schneewind (Hrsg.), Praxis der Paar- und Familientherapie, Bd. 7. Göttingen: Hogrefe.

Hack, C. (2009). Die Bedeutung von Scham im Erleben von Krebskrankheiten bei Patienten und Behandlern. Unveröffentlichtes Manuskript.

L

Haubl, R. (2009). Allein bei sich, außer sich: einsam. Lebenskunst in Zeiten des Massenindividualismus In K. Münch, D. Munz, A. Springer (Hrsg.), Die Fähigkeit, allein zu sein (S. 121 ff.). Gießen: Psychosozial-Verlag.

Helfferich, C. (2012). Einleitung: Von roten Heringen, Gräben und Brücken. Versuche einer Kartierung von Agency-Konzepten. In S. Bethmann, C. Helfferich, H. Hoffmann, D. Niermann (Hrsg.), Agency. Die Analyse von Handlungsfähigkeit und Handlungsmacht in qualitativer Sozialforschung und Gesellschaftstheorie (S. 9–39). Weinheim u. Basel: Beltz Juventa.

Hell, D. (2018). Lob der Scham. Gießen: Psychosozial-Verlag.

Imo, W. (2009). Konstruktion oder Funktion? Erkenntnisprozessmarker 1 (»change-of-state tokens«) im Deutschen. In S. Günthner, J. Bücker (Hrsg.), Grammatik im Gespräch. Konstruktionen der Selbst- und Fremdpositionierung (S. 57–86). Berlin u. New York: de Gruyter.

Keenan, A. (2014). Parental loss in early adolescence and its subsequent impact on adolescent development. Journal of Child Psychotherapy, 40, 1, 20–35.

Knerich, H., Haagen, M. (2021). Jugendliche erzählen vom Tod ihres Vaters: Verfahren der Aktualisierung und Distanzierung. In M. Iakushevich, Y. Ilg, T. Schnedermann (Hrsg.), Linguistik und Medizin: Sprachwissenschaftliche Zugänge und interdisziplinäre Perspektiven (S. 171–188). Berlin u. Boston: de Gruyter.

Knerich, H., Haagen, M., Kohl, J. (in Vorb.). Jugendliche zum Erzählen existenzieller Ereignisse anregen: Narrativ orientierte Gesprächseinstiege in psychotherapeutisch geführten Erzählinterviews. In S. Bendel, I. Pick (Hrsg.), Good Practice in institutioneller Kommunikation. Frankfurt a. M.: Peter Lang.

Knerich, H., Opp, J. (2021). Medizinische und gesprächslinguistische Perspektiven auf Arzt-Patient-Gespräche mit Kindern und Jugendlichen. In M. Iakushevich, Y. Ilg, T. Schnedermann (Hrsg.), Linguistik und Medizin: Sprachwissenschaftliche Zugänge und interdisziplinäre Perspektiven (491–508). Berlin u. Boston: de Gruyter.

Knerich, H., Sacher, J. (2020). »das ist ja!I!rre« – (Außer)Gewöhnliches im Gespräch. In B. Kluge, W. Mihatsch, B. Schaller (Hrsg.), Kommunikationsdynamiken zwischen Mündlichkeit und Schriftlichkeit. Festschrift für Barbara Job zum 60. Geburtstag (S. 193–224). Tübingen: Narr Francke Attempto.

Kohl, J. (2020). »(2.12) joa es geht um_mein VAter,« Gesprächsanfänge in semistrukturierten Interviews mit trauernden Jugendlichen. Masterarbeit im Studiengang Linguistik, Universität Bielefeld. https://pub.uni-bielefeld.de/record/2942039 (12.10.2020).

Krause, R. (1994). Verlust, Trauer und Depression. Zeitschrift für Psychosomatische Medizin und Psychoanalyse, 40 (4), 324–340.

Küchenhoff, J. (2013). Der Sinn im Nein und die Gabe des Gesprächs. Psycho-
analytisches Verstehen zwischen Philosophie und Klinik. Weilerswist-Met-
ternich: Velbrück Wissenschaft.

Ladan, A. (2003). Kopfwandler, die geheime Fantasie, eine Ausnahme zu sein.
Frankfurt a. M.: Brandes & Apsel.

Lätsch, D. (2017). Psychotherapie – soziale Felder des Erzählens. In M. Martínez (Hrsg.), Erzählen. Ein interdisziplinäres Handbuch (S. 166–172). Stuttgart: Metzler.

Lamerichs, J., Alisic, E., Schasfoort, M. (2018). Accounts and their epistemic
implications. An investigation of how ›I don't know‹ answers by children
are received in trauma recovery talk. Research on Children and Social
Interaction, 2 (1), 25–43.

Lang-Langer, E. (2009). Trennung und Verlust, Fallstudien zur Depression in
Kindheit und Jugend. Frankfurt a. M.: Brandes & Apsel.

Lorenzini, N., Fonagy, P. (2013). Attachment and personality disorders: A short
review. FOCUS: The Journal of Lifelong Learning in Psychiatry, 11, 155–166.

Lucius-Hoene, G., Deppermann, A. (2004). Rekonstruktion narrativer Identität.
Ein Arbeitsbuch zur Analyse narrativer Interviews. Wiesbaden: VS Verlag.

Lucius-Hoene, G., Scheidt, C. E. (2017). Erzählen und Bewältigen. In M. Martínez (Hrsg), Erzählen: Ein interdisziplinäres Handbuch (S. 235–242). Stuttgart: Metzler.

Lytje, M., Dyregrov, A. (2019). The price of loss – a literature review of the psy-
chosocial and health consequences of childhood bereavement. Bereavement
Care, 38 (1), 13–22.

Müller, H., Berthold, D., Bongard, S., Gramm, J., Hauch, H., Sibelius, U. (2020).
Komplizierte Trauer erfassen: Ein systematischer Review. Psychotherapie,
Psychosomatik, Medizinische Psychologie, 70 (12), 490–498. https://doi.
org/10.1055/a-1144-3705.

Müller, H., Willmann, H. (2016). Trauer: Forschung und Praxis verbinden;
Zusammenhänge verstehen und nutzen. Mit einem Vorwort von H. Schut.
Göttingen u. a.: Vandenhoeck & Ruprecht.

Neimeyer, R. A. (Ed.) (2001). Meaning reconstruction & the experience of loss.
Washington: American Psychological Association.

Neimeyer, R. A. (Ed.) (2012). Techniques of grief therapy Creative practices for
counseling the bereaved. New York: Routledge/Taylor & Francis.

Neimeyer, R. A., Levitt, H. M. (2000). What's narrative got to do with it? Con-
struction and coherence in accounts of loss. In J. H. Harvey, E. D. Mil-
ler (Eds.), Loss and trauma. General and close relationship perspectives
(pp. 401–412). Philadelphia: Brunner-Routledge.

Radbruch, L., Melching, H. (Hrsg.) (2012). Kinder und Jugendliche – ein Trauerspiel. Leidfaden – Fachmagazin für Krisen, Leid, Trauer, 4. Göttingen: Vandenhoeck & Ruprecht.

Roelcke, V. (2017). Vom Menschen in der Medizin. Gießen: Psychosozial-Verlag.

Rowling, J. K. (1998). Harry Potter und der Stein der Weisen. Hamburg: Carlsen.

Schacter, D. L. (1999). The seven sins of memory: Insights from psychology and cognitive neuroscience. American Psychological Association, Inc. 54.3, 182–203.

Schegloff, E. (1982). Discourse as an interactional achievement: Some uses of ›uh huh‹ and other things that come between sentences. In D. Tannen (Ed.), Analyzing discourse: Text and talk (pp. 71–93). Washington, DC: Georgetown UP.

Scheidt, C. E. (2016). Narrativierung von Trauer und Verlust – zur aktuellen psychosomatischen Trauerforschung. In A. Aurnhammer, T. Fitzon (Hrsg.), Lyrische Trauernarrative. Erzählte Verlusterfahrungen in autofiktionalen Gedichtzyklen (S. 19–30). Würzburg: Ergon.

Schwabe, M. (2006). »Ich weiß das ja jetzt am besten auch«. Agency im Sprechen anfallskranker Kinder und Jugendlicher. Gesprächsforschung – Online-Zeitschrift zur verbalen Interaktion, 7, 201–233.

Schwitalla, J. (1992). Über einige Weisen des gemeinsamen Sprechens. Ein Beitrag zur Theorie der Beteiligungsrollen im Gespräch. Zeitschrift für Sprachwissenschaft, 11 (1), 68–98.

Selting, M., Auer, P., Barth-Weingarten, D. …, Uhmann, S. (1998/2009). Gesprächsanalytisches Transkriptionssystem 2 (GAT 2). Gesprächsforschung – Online-Zeitschrift zur verbalen Interaktion, 10, 353–402.

Semple, C. J., McCaughan, E., Beck, E. R., Hanna, J. R. (2021). »Living in parallel worlds« – bereaved parents' experience of family life when a parent with dependent children is at end of life from cancer: A qualitative study. Palliative Medicine, 35 (5), 933–942.

Stroebe, M. S., Schut, H. (1999). The dual process model of coping with bereavement. Rationale and description. Death Studies, 23, 197–224.

Stroebe, M. S., Schut, H. (2010). The dual process model of coping with bereavement. A decade on. Omega, 61 (4), 273–289.

Stukenbrock, A. (2013). Die Rekonstruktion potenziell traumatischer Erfahrungen: Sprachliche Verfahren zur Darstellung von Kindsverlust. Gesprächsforschung – Online Zeitschrift zur verbalen Interaktion, 14, 167–199.

Stukenbrock, A. (2015). Verlustnarrative im Spannungsfeld zwischen erzählter Situation und Erzählsituation: Linguistische Fallanalysen. In C. E. Scheidt, G. Lucius-Hoene, A. Stukenbrock, E. Waller (Hrsg.), Narrative Bewältigung von Trauma und Verlust (S. 76–93). Stuttgart: Schattauer.

Subkowski, P. (2004). Harry Potter – das Trauma als Motor der psychischen Entwicklung. Praxis der Kinderpsychologie und Kinderpsychiatrie, 53 (10), 738–753.

Valentine, C. (2008). Bereavement narratives. Continuing bonds in the twenty-first century. London: Routledge.

Tein, J.-Y., Sandler, I. N., Ayers, T. S., Wolchik, S. A. (2006). Mediation of the effects of the family bereavement program on mental health problems of bereaved children and adolescents. Prevention Scence, 7 (2), 179–195.

Winnicott, D. W. (2008). Von der Kinderheilkunde zur Psychoanalyse. Gießen: Psychosozial-Verlag.

Worden, J. W. (1991). Grief counselling and grief therapy: A handbook for the mental health practitioner. London: Springer.

Worden, J. W. (1996). Children and grief: When a parent dies. New York: Guilford Press.

Worden, J. W. (2004). Beratung und Therapie in Trauerfällen. Ein Handbuch. Bern: Huber

Transkriptionskonventionen GAT 2

Zusammenstellung der wichtigsten GAT-2-Transkriptions-
konventionen nach Selting et al. (2009, 1998)

Minimaltranskript

Sequenzielle Struktur/Verlaufsstruktur

[ ]	Überlappungen und Simultanspre-chen
[ ]	

Ein- und Ausatmen

°h/h°	Ein- bzw. Ausatmen von ca. 0.2–0.5 Sek. Dauer
°hh/hh°	Ein- bzw. Ausatmen von ca. 0.5–0.8 Sek. Dauer
°hhh/hhh°	Ein- bzw. Ausatmen von ca. 0.8–1.0 Sek. Dauer

Pausen

(.)	Mikropause, geschätzt bis ca. 0.2 Sek. Dauer
(-)	kurze geschätzte Pause von ca. 0.2–0.5 Sek. Dauer
(--)	mittlere geschätzte Pause von ca. 0.5–0.8 Sek. Dauer
(---)	längere geschätzte Pause von ca. 0.8–1.0 Sek. Dauer
(0.5)	gemessene Pausen

Sonstige segmentale Konventionen

| und_äh | Verschleifungen innerhalb von Einheiten |
| äh öh äm | Verzögerungssignale, sog. »gefüllte Pausen« |

Lachen und Weinen

haha hehe hihi	silbisches Lachen
((lacht))	Beschreibung des Lachens
<<lachend> >	Lachpartikeln in der Rede, mit Reichweite
<<:-)> soo>	»smile voice«

Rezeptionssignale

| hm ja nee | einsilbige Rezeptionssignale |
| hm_hm ja_a | zweisilbige Rezeptionssignale |

Sonstige Konventionen

((hustet))	para- und außersprachliche Handlungen und Ereignisse
<<hustend> >	sprachbegleitende para- und außersprachliche Handlungen und Ereignisse mit Reichweite
( )	unverständliche Passage ohne weitere Angaben
(xxx),(xxx xxx)	ein bis zwei unverständliche Silben
(solche)	vermuteter Wortlaut
(also/alo)	mögliche Alternativen
((unverständlich	unverständliche Passage mit Angabe
ca. 3 Sek))	der Dauer
((…))	Auslassung im Transkript

Erweitertes Basistransktipt

Sequenzielle Struktur/Verlaufsstruktur

=	schneller, unmittelbarer Anschluss neuer Sprecherbeiträge oder Segmente *(latching)*

Sonstige segmentale Konventionen

:	Dehnung, Längung, um ca. 0.2–0.5 Sek.
::	Dehnung, Längung, um ca. 0.5–0.8 Sek.
:::	Dehnung, Längung, um ca. 0.8–1.0 Sek.
›	Abbruch durch Glottalverschluss

Akzentuierung

akZENT	Fokusakzent
ak!ZENT!	extra starker Akzent

Tonhöhenbewegung am Ende von Intonationsphrasen

?	hoch steigend
›	mittel steigend
-	gleichbleibend
;	mittel fallend
.	tief fallend

Sonstige Konvention

<<erstaunt> >	interpretierende Kommentare mit Reichweite

Lautstärke- und Sprechgeschwindigkeitsveränderungen,
mit Extension

<<f> >	forte, laut
<<ff> >	fortissimo, sehr laut
<<p> >	piano, leise
<<pp> >	pianissimo, sehr leise
<<all> >	allegro, schnell
<<len> >	lento, langsam
<<cresc> >	crescendo, lauter werdend
<<dim> >	diminuendo, leiser werdend
<<acc> >	accelerando, schneller werdend
<<rall> >	rallentando, langsamer werdend